IL PENSIERO
FILOSOFICO

PLATONE

CRITONE

Traduzione, introduzione e commento
di
Giovanni Reale

LA SCUOLA

Prima edizione: novembre 1961
Seconda edizione: aprile 1965
Terza edizione: novembre 1967
Quarta edizione: novembre 1969
Quinta edizione: aprile 1972
Sesta edizione: ottobre 1974
Settima edizione: ottobre 1977
Ottava edizione: settembre 1979
Nona edizione: novembre 1981
Decima edizione: maggio 1983
Undicesima edizione: agosto 1984
Dodicesima edizione: febbraio 1986
Tredicesima edizione: maggio 1987
Quattordicesima edizione: febbraio 1989
Quindicesima edizione aprile 1990
Sedicesima edizione: marzo 1992
Diciassettesima edizione: luglio 1995
Diciottesima edizione riveduta e corretta: febbraio 2001

64° migliaio
Edizione integrale

Officine Grafiche «La Scuola», Brescia

INTRODUZIONE

ANALISI E INTERPRETAZIONE DEL «CRITONE»

«... non il vivere è da tenere
in massimo conto,
ma il vivere bene...
e... il vivere bene è lo stesso
che il vivere con virtù e
con giustizia...»

Critone, 48 b

I. STRUTTURA E CONTENUTO DEL «CRITONE»

1. BREVE PROLOGO

Critone[1], di primo mattino, è venuto nel carcere da Socrate, per tentare di indurlo alla fuga. Egli ha udito, da alcuni provenienti dal capo Sunio, che la nave sacra, di ritorno da Delo, è ormai prossima a giungere ad Atene.

Era costume, presso gli Ateniesi, di mandare ogni anno a Delo, come *ex voto* ad Apollo, una scelta ambasciata, in ricordo della liberazione dal Minotauro, che, con l'aiuto del Nume, Teseo aveva operato. Dal giorno in cui il sacerdote incoronava la nave, fino a quello del suo ritorno, in Atene non potevano aver luogo esecuzioni capitali per pubblica condanna, perché, durante quel tempo, la città doveva restare incontaminata. Proprio il giorno innanzi il processo di Socrate avvenne la cerimonia dell'incoronazione della nave e, di conseguenza, l'esecuzione della condanna a morte nel frattempo dovette restare sospesa[2].

---

[1] Critone era un agiato Ateniese, nato nello stesso quartiere di Socrate, e di Socrate coetaneo, amico e discepolo devotissimo. Diogene Laerzio gli attribuisce ben diciassette dialoghi, di un libro ciascuno. Gli studiosi moderni, però, dubitano della validità di tale testimonianza. In ogni modo, il fatto che vengano attribuiti scritti a Critone, quali che siano, sta a significare che egli dovette aver avuto effettivamente una certa attività in questo senso. Anche i quattro figli di Critone (Critobulo, Ermogene, Epigene, Ctesippo) furono discepoli di Socrate.

Malgrado l'attività letteraria che gli viene attribuita, Critone non dovette, tuttavia, avere particolari e spiccate doti speculative. Dovette essere fondamentalmente uomo colto, di molto buon senso, capace di amministrare con saggezza il suo patrimonio. Curò anche gli affari di Socrate, dato che, questi, volentieri li trascurava, e non esitò, all'occorrenza, a dichiararsi pronto a mettere il suo avere a disposizione di Socrate, per salvarlo, come subito vedremo.

Sulla figura interiore e sul carattere morale di Critone, quale appare nel nostro dialogo, diremo nel commento.

[2] Cfr. *Fedone*, 58 a-c (riportiamo il passo, nel commento, alla nota 7, pag. 42).

Ora che la nave sta per giungere, a Socrate resta pochissimo tempo di vita: quanto basta, tuttavia, per salvarsi, se, finalmente, pensa Critone, si lascerà persuadere ad evadere dal carcere e a fuggire da Atene. Ancora un indugio, e sarà, ormai, troppo tardi.

2. GLI ARGOMENTI DI CRITONE PER CONVINCERE SOCRATE A FUGGIRE

Critone è convinto di avere argomenti persuasivi ed obiettivi; ritiene affatto insensato l'atteggiamento di Socrate: di volere, cioè, a tutti i costi, rimanere in carcere ad attendere la morte, dal momento che ha la possibilità, fuggendo, di salvare la vita. Dalle sue parole si intende chiaramente che, a più riprese e con insistenza, gli amici dovevano aver cercato – ma sempre invano – di convincere Socrate ad accogliere i loro piani di fuga. Il nostro dialogo rappresenta, appunto, l'estremo di questi tentativi. Critone, nell'esporre per l'ultima volta le sue ragioni, confida nell'aiuto della particolare circostanza: la morte si approssima con l'avvicinarsi della nave, e questo è l'ultimo momento, ma il più favorevole, perché gli argomenti facciano presa sull'animo.

a) Se Socrate non fugge, Critone sarà colpito da doppia sventura.

Se Socrate si ostina a voler restare in carcere e a morire, Critone dovrà sopportare non una, ma due sciagure: resterà privo di un amico, che nessuno potrà mai eguagliare, e, per giunta, gliene verrà una pessima reputazione: di amare, cioè, più le ricchezze che gli amici; la gente non penserà che sia stato Socrate a non voler fuggire, ma riterrà che Critone, pur avendo il denaro e i mezzi occorrenti per organizzare la fuga, non abbia voluto spenderlo[3].

b) Tutti i particolari della fuga sono stati ben predisposti; gli amici sono pronti ad affrontare le conseguenze.

Socrate non deve nutrire timori per le conseguenze – multe, confisca dei beni, esilio – nelle quali, a causa della fuga, po-

[3] *Critone*, 44 b-c.

tranno incorrere e Critone e gli amici, responsabili di averla organizzata: essi sono pronti a correre quel rischio e altri più grandi, se necessario. Né Socrate deve preoccuparsi del denaro occorrente: coloro che si prestano a farlo fuggire, si accontentano di poco e l'avere di Critone è sufficiente. E se Socrate non vuole che Critone spenda, c'è Simmia di Tebe che ha già messo a disposizione il denaro occorrente, e son disposti a versare contributi anche Cebete ed altri ancora. Infine, Socrate non deve tornare a dire, come in processo, che, fuori di Atene, egli non saprebbe vivere: dovunque andrà potrà trovarsi bene; inoltre Critone ha dei conoscenti in Tessaglia, i quali, se Socrate vorrà, saranno lieti di accoglierlo e faranno in modo che nessuno gli dia noie[4].

c) Socrate deve fuggire per non lasciare i figli orfani in balìa del caso.

Inoltre, Critone non ritiene «giusta» l'azione che Socrate intende compiere: abbandonarsi alla sorte, quasi per debolezza o per viltà, quando sussistono possibilità di salvarsi. Così comportandosi, Socrate fa il gioco dei propri nemici. Di più, tradisce i figli, lasciandoli in balìa del caso, mentre, salvandosi con la fuga, potrebbe continuare a provvedere loro e ad educarli. I figli, dice Critone, o non si mettono al mondo, oppure, per loro, occorre fare ogni sacrificio: Socrate sembra, invece, aver scelto la via più comoda, non la via che sceglierebbe un uomo di coraggio e che, come lui, asserisce di aver sempre seguito la virtù[5].

d) Se Socrate non fugge, tutti faranno una ridicola figura.

Infine, riprendendo in parte il primo argomento, Critone dice di provar vergogna per tutta la faccenda; ogni cosa sembrerà essere avvenuta per dappocaggine di Socrate e degli amici: era possibile non portare la causa in tribunale, invece fu portata; era possibile condurre il processo in modo diverso (ricorrendo agli stratagemmi dei logografi), invece non fu fatto; era possibile fuggire e salvarsi, e Socrate si è ostinato a non volere. E, questo, parrà come l'epilogo comico di tutta la storia: la gente

---

[4] *Critone*, 44 e-45 c.
[5] *Critone*, 45 c-d.

riterrà inetti e vili tutti gli amici di Socrate, mentre, in realtà, essi hanno fatto, per salvarlo, assai più di quanto egli non abbia fatto per salvare se medesimo.

La decisione, così stando le cose, – conclude Critone – non può che essere una sola: fuggire e salvare la vita nella notte stessa, perché, dopo, non sarà più possibile[6].

3. LA RISPOSTA DI SOCRATE

a) Quale è il criterio che deve determinare l'azione.

Critone, in questo suo argomentare, è mosso principalmente dalla «opinione della gente» e, proprio su questa base, pretenderebbe di poter convincere Socrate. Dunque, Critone eleva l'opinione del volgo a dignità di criterio o di norma delle azioni da compiersi; ma, proprio in questo – dimostra Socrate – consiste l'errore fondamentale. Il fondamento o la norma regolatrice delle azioni da compiere *non* deve essere l'opinione dei più, ma la *ragione* e il *logos*.

Socrate si è attenuto a questo criterio durante tutta la vita, e così anche ora. La sciagura che gli è capitata – l'esser stato condannato a morte – non deve e non può scalfire la ragione e il *logos*: i ragionamenti sostenuti e ritenuti validi in passato devono restare saldi anche ora, e non possono perdere valore per il fatto che è in pericolo la vita.

In passato – dice Socrate – si è sempre sostenuto che, delle opinioni, solo le buone sono da tenere in considerazione; le cattive, invece, no. Buone sono le opinioni degli uomini *assennati* (cioè che si fondano sulla ragione), cattive sono quelle dei *dissennati* (cioè che non si fondano sulla ragione).

Chi intende curare il corpo e praticare ginnastica – esemplifica Socrate – deve tenere in considerazione, per le azioni da compiere che portano al conseguimento di quei fini specifici, non il parere della gente, ma solo il parere di colui che è competente e che sa (ossia del medico e del maestro di ginnastica), se non vuole guastare la salute ma ritrarre beneficio. Questo vale, in generale, anche per tutte le azioni morali da compiere: non all'opinione dei più bisogna dar retta, ma all'opinione di quell'unico (posto che ci sia), che sappia che cosa sono il giu-

---

[6] *Critone*, 45 d-46 a.

sto, il buono e il bello. Infatti, chi – per riprendere l'esempio fatto sopra –, volendo curare il corpo, segue il parere del volgo e non di colui che solo è competente, ricava malanni, e rovina la salute; per ciò che riguarda la giustizia, analogamente, chi non segue il parere dell'unico competente, per seguire l'opinione del volgo dissennato, contaminerà e rovinerà l'anima, che vale ben più del corpo. E come col corpo guasto non è possibile vivere, a maggior ragione sarà impossibile continuare a vivere con l'anima corrotta.

La conclusione che Socrate vuol trarre è, dunque, questa: l'opinione del volgo mai deve essere eretta a norma d'azione. Si obietterà: ma il volgo ha pure potenza di far male, perfino di condannare a morte. Ma Socrate risponde che non il *vivere* è da tenere in massimo conto, ma solo il *vivere bene*: e il *vivere bene* è il *vivere secondo giustizia*; questa è la sola cosa che deve importare a chi vive secondo ragione. Di conseguenza, Socrate evaderà dal carcere, solo se la fuga, e ciò che essa comporta, risulterà essere cosa *giusta*; altrimenti – egli afferma – sarà meglio morire e subire qualsiasi male, anziché, fuggendo, commettere ingiustizia[7].

b) Non si deve mai fare ingiustizia, né rendere male per male.

La pena di morte inflitta a Socrate, sappiamo, fu una ingiustizia; potrebbe sembrare, pertanto, che la fuga e la corruzione di coloro che si prestano ad attuarla si possano con ciò stesso giustificare: si tratterebbe, infatti, di sottrarsi ad una iniqua condanna.

In realtà, la ragione dimostra essere vero il contrario: proprio di questo Socrate vuole, ora, convincere l'amico.

Mai, in nessun caso, si deve volutamente commettere ingiustizia: questo principio sostenuto da Socrate sempre, nelle passate discussioni con i discepoli, non può essersi dileguato, nel breve spazio di tempo trascorso dopo la condanna. Se così fosse: se, cioè, quel principio fosse rovesciato dalle contingenze del momento, allora, tutto il passato filosofare si ridurrebbe a vacuo gioco di ragazzi. E, invece, Socrate, anche nelle catene del carcere e nell'imminenza della morte per ingiusta condanna, ripete la sua suprema professione di fede, dandole, così, l'estremo sigillo della sua passione: il compiere ingiustizia è

[7] *Critone*, 46 b-48 b.

sempre male, per colui che la compie; per nessuna ragione, quindi, si deve compiere ingiustizia, neppure nel caso che si debba subire ingiustizia. Nello stesso modo, non si deve mai fare male a nessuno, neppure nel caso che si debba subire del male.

A questo punto, Socrate desidera che Critone esprima in modo particolare il suo assenso: a pochi, egli dice, questi principi sembreranno giusti; il volgo pensa, infatti, esattamente l'opposto, e fra i pochi che credono in quei principi ed il volgo non è possibile alcun giudizio in comune; c'è una radicale ed incolmabile differenza nel loro modo di vedere e di deliberare, e, di conseguenza, gli uni non potranno se non disprezzare le decisioni degli altri. Con l'assenso di Critone, è richiesto anche quello del lettore: mancando questo, il lettore resta fra «i più», e gli sfuggirà, necessariamente, il significato del supremo atto di Socrate[8].

c) La fuga di Socrate sarebbe un atto di ingiustizia contro la Patria e le Leggi.

Con la fuga dal carcere, Socrate commetterebbe ingiustizia proprio contro chi meno dovrebbe, ossia contro la Città e le Leggi. Questa tesi viene dimostrata mediante un serrato dialogo con le Leggi stesse, personificate poeticamente in esseri viventi, ed immaginate come recantisi incontro a Socrate stesso in atto di evadere dalla prigione[9].

α) Socrate, come ogni cittadino, è interamente soggetto alla Città e alle Leggi: fuggendo, calpesterebbe questo rapporto.

Socrate, fuggendo, annullerebbe la sentenza; quindi, con questo atto, distruggerebbe le Leggi e la Città, che sulle Leggi si fonda. E non varrebbe rispondere che la sentenza è stata ingiustamente pronunciata; infatti, le Leggi potrebbero obiettare che, sempre, Socrate è stato d'accordo con loro nel ritenere che *bisogna sottomettersi alle sentenze che la Città pronuncia, qualsiasi esse siano.*

E perché questa incondizionata sottomissione? Il padre e la madre di Socrate si sono sposati secondo le Leggi, secondo le

[8] *Critone*, 48 b-49 e.
[9] *Critone*, 50 a-54 d.

Leggi egli è stato allevato, e secondo le Leggi educato. Ora, in quanto generato, allevato ed educato secondo le Leggi, Socrate *dipende interamente da loro*: è loro *creatura* e loro *servo*.

I rapporti fra genitori e figlio, fra padrone e servo, non sono fra pari e pari: quello che possono fare il padre ed il padrone, rispettivamente, verso il figlio e il servo, non può valere, per converso, per questi nei confronti di quelli. Se il padre o il padrone percuotono o insultano il figlio o il servo, questi non possono rispondere con percosse e con insulti. Tale è anche il rapporto che sussiste fra le Leggi e i sudditi, con la differenza che la supremazia delle Leggi è ancora più forte; la patria – che con le Leggi è tutt'uno – è, infatti, da onorare più della madre, del padre e di tutti i progenitori. Dunque, si deve fare ciò che la Patria comanda, in ogni caso; e, nel caso lo imponga, bisogna soffrire, lasciarsi percuotere, incatenare, andare in guerra e morire, perché così è giusto. Né bisogna sottrarsi alla guerra, né fuggire di fronte al nemico, né lasciare il proprio posto, ma, ovunque, in guerra e in pace, ubbidire, oppure persuadere la Patria stessa che ciò che comanda non è giusto. Il far violenza è sempre male: sia contro la madre, sia contro il padre, sia, soprattutto, contro la Patria[10].

β) *Socrate ha liberamente accettato le Leggi; fuggendo, calpesterebbe i patti convenuti.*

La fuga dal carcere, inoltre, sarebbe una azione ingiusta per questi altri motivi. Le Leggi danno ai cittadini tutti i benefici che sono in loro facoltà; e, ciononostante, lasciano ai cittadini stessi piena libertà di andarsene coi propri beni, in colonia o altrove, se non sono d'accordo con ciò che qualcuna di esse impone. Ora, stante questa libertà, chi, dopo aver preso conoscenza delle Leggi, rimane nella Città, si assume l'obbligo di ubbidire alle Leggi pienamente; non ubbidendo, commette ingiustizia per le seguenti ragioni: in primo luogo, perché non ubbidisce a chi l'ha generato; in secondo luogo, perché non ubbidisce a chi l'ha allevato; in terzo luogo, perché, pur essendosi obbligato liberamente ad ubbidire, calpesta l'impegno, e, pur avendo l'alternativa: persuadere le Leggi (se mai ritenga di subire ingiustizia) oppure ubbidire, non fa né l'una né l'altra cosa.

---

[10] *Critone*, 50 a-51 c.

A tutte queste accuse, Socrate, fuggendo, si troverà ad essere esposto, e in modo del tutto particolare. Proprio lui, infatti, più di tutti gli Ateniesi, ha dimostrato di gradire le Leggi della Città e di essere d'accordo con esse: mai egli è uscito da Atene, se non per spedizioni militari, e mai ha avuto desiderio di conoscere altri luoghi, altre città e altre Leggi. E ad Atene egli ha scelto di vivere la sua vita di cittadino, ha esercitato i suoi diritti civici e ha generato i suoi figli. E c'è di più. Socrate, nel processo, poteva scegliere, come pena, l'esilio: quindi, di fare col consenso delle Leggi ciò che, ora, vorrebbe fare contro il volere della Città; invece nel processo egli ha scelto, anziché l'esilio, la morte. Con la fuga, dunque, Socrate sconfesserebbe le affermazioni e l'atteggiamento tenuto nel processo e calpesterebbe, insieme, quelle Leggi liberamente accettate e con le quali per ben settant'anni ha continuato ad essere d'accordo, più di tutti gli altri[11].

γ) La fuga non gioverebbe a nessuno: né agli amici, né a Socrate, né ai figli.

Ancora, dovendo calpestare le Leggi e commettere ingiustizia, la fuga non recherà vantaggi a nessuno.

Non gioverà agli amici: questi, infatti, accusati di aver organizzata la fuga, correranno pericolo di essere condannati all'esilio, o di perdere gli averi e i diritti civili.

Non gioverà a Socrate: se fuggirà, infatti, in città ben governate, sarà guardato con sospetto, perché corruttore di Leggi, e, così, avvalorerà l'accusa dei nemici e la sentenza dei giudici. Allora, dovrà ridursi a fuggire le città ben governate e gli uomini più saggi; ma, così, varrà la pena di vivere?

O, forse, Socrate potrà avere la sfrontatezza, dopo aver calpestato Leggi e giustizia con la fuga, di avvicinarsi agli uomini più assennati e tornare ad affermare, come prima, che la giustizia e le Leggi sono ciò che più conta per gli uomini... può fare questo proprio lui che, con la fuga, ha sconfessato pienamente Leggi e giustizia? Non resterà quindi che andare in Tessaglia – come Critone suggerisce – dove c'è disordine e dissolutezza. E i Tessali certo si divertiranno a sentir raccontare la fuga e il modo in cui fu attuata; ma, non appena Socrate recherà molestia a qualcuno, dovrà sentirsi rinfacciare la sua viltà: di non

[11] *Critone*, 51 c-53 a.

avere avuto vergogna, così vecchio, di restare attaccato alla vita, fino al punto di calpestare le Leggi più sante. E in Tessaglia che potrà mai fare Socrate? Darsi ai banchetti come fanno i Tessali, calpestando tutti i principi professati?

Non gioverà ai figli: non avranno, infatti, nessun vantaggio ad essere educati in Tessaglia, diventando stranieri alla Patria. E se resteranno ad Atene, non saranno meglio allevati ed educati, per il solo fatto che il padre è in vita, ma lontano. E, se gli amici vorranno prendersi cura dei figli di Socrate, ciò accadrà tanto nel caso che Socrate se ne parta per la Tessaglia, quanto nel caso che se ne vada all'Ade[12].

δ) *Calpestando, con la fuga, le Leggi della sua Città, Socrate recherà offesa anche alle Leggi dell'Ade, e davanti a queste non potrà difendersi.*

E come, sulla terra, per Socrate (e per i suoi congiunti) non è più vantaggioso, né più giusto, né più santo fuggire, così non gli sarà di vantaggio neppure giunto all'Ade. Se resta in carcere, ai reggitori di laggiù Socrate potrà dire di aver tenuto in conto più la giustizia che non i figli, la vita e gli altri beni, e ciò sarà a suo vantaggio.

All'Ade, Socrate va ingiustamente offeso, non dalle Leggi, ma dagli uomini. Se, invece, fuggirà, rendendo male per male e ingiustizia per ingiustizia, calpestando i patti convenuti, farà male agli amici, ai figli, alla Città e alle Leggi. Così, le Leggi della Città dovranno perseguitarlo, in terra, finché avrà vita; e quelle dell'Ade male lo accoglieranno, per aver egli tentato di distruggere le loro sorelle[13].

Queste sono le parole che Socrate sente dentro di sé, dettate dalla sua coscienza, come per divina ispirazione: queste parole mostrano la via che Iddio vuole, e questa via Socrate seguirà senza esitare: resterà in carcere e attenderà la morte[14].

---

[12] *Critone*, 53 a-54 b.
[13] *Critone*, 54 b-d.
[14] *Critone*, 54 d-e.

II. I PRINCIPI FILOSOFICI OPERANTI NEL «CRITONE»

1. UNA QUESTIONE PRELIMINARE

Dopo l'esposizione del contenuto del dialogo, veniamo alla interpretazione analitica del medesimo.

Nella sua brevità e semplicità di costruzione, il *Critone* nasconde problemi e difficoltà di interpretazione assai notevoli; difficile risulta, in particolar modo, la sua datazione e collocazione nel complesso dell'opera di Platone. La maggior parte degli studiosi lo considera uno dei primi scritti; alcuni studiosi fra le ultime opere della giovinezza, altri fra le opere della maturità e, da ultimo, qualcuno ha proposto di collocarlo, con solidi argomenti, fra le ultime opere. Come si vede, sussiste, al riguardo, estrema disparità di vedute.

Ora, a seconda del momento in cui si colloca, il dialogo assume (almeno sotto certi aspetti) un diverso significato: se, poniamo, esso costituisce uno dei primi scritti, il suo contenuto andrà inteso prevalentemente come espressione di una problematica filosofica squisitamente socratica; se, al contrario, esso costituisse una delle opere mature o della vecchiaia, allora il suo contenuto andrebbe interpretato secondo tutt'altra prospettiva, ossia nel giro della dimensione di pensiero della matura o della tarda speculazione platonica.

L'interpretazione del significato ultimo del nostro dialogo, viene, in tal modo, a dipendere, quasi per intero, dalla soluzione del problema della sua datazione. Tuttavia, data l'incertezza di quest'ultima, sarà bene, in primo luogo, esaminare i temi e i principi filosofici del *Critone*, fin dove è possibile, in sé e per sé, e, solo dopo questo esame, cercar di dare loro il "senso" di cui sopra si diceva.

2. IL TEMA DELL'OPPOSIZIONE FRA "OPINIONE" E "LOGOS"

Il tema che va rilevato per primo è quello del λόγος[15]. "Logos" è termine difficile da rendere con vocabolo moderno, data la polivalenza che ha nell'originale, a seconda dei diversi contesti nei quali si trova; nel nostro dialogo esso significa "ragione", "intelletto" o, anche, "concetto", intendendo, però, quest'ultimo termine, in senso lato e come sinonimo dei primi due.

Il "logos" si contrappone all'"opinione" (δόξα) o, come si dice ripetutamente nel *Critone*, all'"opinione del volgo" (ἡ τῶν πολλῶν δόξα[16]); riuscirà meglio comprensibile il primo, iniziando a caratterizzare, innanzitutto, la seconda.

L'"opinione" è pura apparenza, mero sembrare, privo di ogni solida base: essa, di conseguenza, è sempre *mutevole*, appunto in quanto non ha un fondamento oggettivo che la tenga salda, e può passare da un estremo all'altro improvvisamente. Dice Socrate in risposta a Critone: «Le riflessioni che fai circa la spesa di denari, l'opinione della gente, l'allevamento dei figli, sta attento, o Critone, che, in realtà, non siano se non i modi di vedere di quei tali che, con facilità, mandano a morte, e poi risusciterebbero, posto che ne fossero capaci, senza nessun discernimento, cioè i modi di vedere del volgo»[17].

Dunque, il volgo, in base ai suoi «modi di vedere» (σκέμματα), ossia all'"opinione", con estrema facilità manda uno a morte e poi lo risusciterebbe con altrettanta facilità, se potesse: cioè, come si diceva, passa da un estremo all'altro, a seconda delle contingenze del momento e – precisa Socrate – senza alcuna considerazione o intelletto (οὐδενὶ ξὺν νῷ), ossia in modo affatto irrazionale.

Il "logos", di contro alla mobilità dell'opinione, dice *stabilità* e *permanere*: rientra, infatti, nella natura del *logos*, di essere totalmente indipendente dalle circostanze e dalle contingenze del momento[18].

Donde deriva questa "stabilità" del *logos*? L'opinione risulta, come s'è detto, dalle pure apparenze, e, quindi, dal sentire del

---

[15] Cfr., in particolare, 46 b-49 a.
[16] Cfr. *Critone*, 44 c-d, 47 c, 48 a.
[17] *Critone*, 48 c.
[18] Cfr. Friedlaender, *Platon*, vol. II, p. 161 (II ediz. Berlin 1957).

momento; per contro, il *logos* si fonda sulla natura delle cose e sulla conoscenza della medesima; esso, in altri termini, giunge al fondo stesso della realtà: di qui la sua "stabilità" ed "immobilità"[19].

3. SOLO IL "LOGOS" DEVE ESSERE CRITERIO O NORMA D'AZIONE

Se così è, dell'opinione del volgo non bisogna fare nessun conto, nel senso che essa, priva com'è di consistenza, non può e non deve essere fondamento delle azioni da compiere. Non, dunque, l'opinione cieca dei più, dei dissennati (τῶν ἀφρόνων[20]), che giudicano senza intelletto (οὐδενὶ ξὺν νῷ[21]), bensì l'opinione di coloro che hanno senno (τῶν φρόνίμων[22]) deve essere seguita. Colui che conosce e che veramente si *intende* (ἐπαΐων[23]) deve essere ascoltato: dunque la ragione, il *logos*, cui egli si ispira, dovrà essere eretto a norma d'azione e di condotta.

Gli esempi addotti da Socrate per giustificare queste asserzioni sono assai significativi. Chi vuole curare la salute fisica ed avere un corpo sano ed armonico, nel nutrirsi e nell'esercitare le membra, non deve seguire l'opinione del volgo, che non ha alcuna competenza in materia, ma di chi conosce il funzionamento e la costituzione del corpo, ossia del medico e del maestro di ginnastica. Chi, invece, vuole avere l'anima sana, nelle azioni da compiere che recano giovamento all'anima stessa (che sono quelle ispirate a giustizia, a bontà e a bellezza), deve seguire – analogamente all'esempio precedente – non l'opinione del volgo, ma il parere di colui che solo conosce ciò che è giusto, buono e bello, e che coincide con la verità stessa[24].

Allora, di fronte a quest'uno che veramente conosce il giusto,

---

[19] Questo punto, nel *Critone*, è solo ricordato con brevi cenni; esso è dato come perfettamente acquisito e costituisce uno dei capisaldi che reggono tutto il discorso del dialogo (come, del resto, di tutta quanta la speculazione platonica).

[20] Cfr. *Critone*, 47 a.

[21] Cfr. *Critone*, 48 c.

[22] Cfr. *Critone*, 47 a.

[23] Cfr. *Critone*, 47 b, 47 d, 48 a.

[24] Cfr. *Critone*, 47 a-d, *passim*.

e che è tutt'uno con la stessa verità, svanisce, annientandosi, l'opinione della folla; e non importa nulla che essa abbia "potenza" di far male e perfino di uccidere, perché non sono questi i mali maggiori. «Magari o Critone» dice Socrate «fosse in grado la gente di fare i mali più grandi, così che potesse produrre anche i beni più grandi! Sarebbe veramente bello. E, invece, non sa fare né gli uni né gli altri: infatti non sa rendere nessuno né assennato né dissennato, e quello che fa, lo fa così come capita»[25].

Il male maggiore, dunque, non è la morte del corpo, ma è la dissennatezza, che produce la morte dell'anima; il bene maggiore è, invece, l'assennatezza (φρόνησις), il *logos*, e, comportandosi secondo il *logos*, l'anima ritrae il maggior beneficio.

4. «VIVERE BENE» SIGNIFICA «VIVERE SECONDO GIUSTIZIA»

La ragione dice che non è la vita il bene maggiore, ma la vita ben vissuta, e questa è la vita secondo giustizia. Ulteriormente, la ragione dice che il vivere secondo giustizia significa non commettere mai, in nessuna circostanza e per nessuna ragione, il male e l'ingiustizia; *non è lecito rendere male e ingiustizia, neppure se male e ingiustizia ci vengono fatti*. Come si giustifica questo principio?

Il *Critone* non fornisce una dimostrazione specifica, presupponendola – probabilmente – già data altrove; tuttavia, presenta alcuni cenni e spunti che, con chiarezza e con sicurezza, la richiamano[26]. L'ingiustizia, in colui che la compie, guasta e corrompe l'anima, mentre la giustizia la rende migliore, come il nutrimento cattivo guasta il corpo e ciò che è salutare, invece, lo rende migliore. E, così come col corpo guasto non è possibile vivere, non sarà possibile vivere – a maggior ragione – quando l'anima, che è ben superiore al corpo, sia corrotta da ingiustizia.

Queste affermazioni si riconnettono a quelle del *Gorgia* e a quelle della *Repubblica*: a queste ultime in modo più stretto.

Ogni ente – si dice nel finale del primo libro della *Repubblica* – ha una *attività* propria o *funzione* peculiare, ossia una at-

[25] *Critone*, 44 d.
[26] Cfr., in particolare, *Critone*, 47 a-48 b.

tività che esso solo, o esso meglio di tutti gli altri, può compiere: il cavallo, quella di correre; gli occhi, quella del vedere; gli orecchi, quella dell'udire; il coltello, quella del tagliare; e così di seguito. Ora, il *buon funzionamento* o la perfetta esplicazione dell'attività dei vari enti dicesi "virtù"; il *cattivo funzionamento* dicesi, invece, "vizio". Anche l'anima ha le proprie attività (quali: il vivere, il deliberare, il governare, il provvedere); quando esplica bene e come deve queste attività, l'anima ha la "virtù", quando male, ha il "vizio". Ma questa virtù, o armonico e perfetto funzionamento dell'anima, non è se non la *giustizia*; e il vizio, o disarmonico funzionamento dell'anima, è l'*ingiustizia*[27]. Da queste premesse deriva, dunque, di necessità, che «l'anima e l'uomo giusto vivranno bene, e male vivranno l'anima e l'uomo ingiusto», e che «l'ingiustizia non è mai di maggior vantaggio della giustizia»[28].

In conclusione: la giustizia reca vantaggio all'anima perché è, precisamente, l'esplicarsi dell'attività dell'anima come *deve* esplicarsi, ossia è "salute" dell'anima; l'ingiustizia reca, invece, danno e guasta l'anima, perché è il cattivo esplicarsi della sua attività. Perciò, in qualsivoglia modo sia compiuta l'ingiustizia, essa reca danno all'anima, mentre la giustizia è sempre di profitto; dunque, *vivere bene* non può che essere *vivere secondo giustizia*.

5. IL TEMA DELL'OLTRETOMBA E DELL'IMMORTALITA DELL'ANIMA

Sull'immortalità e sulla esistenza di una vita ultraterrena, nonché di un premio per l'anima che ha vissuto secondo giustizia, il *Critone* manifesta la più solida certezza: non c'è neppure il tema del "rischio", con cui Socrate conclude la sua dimostrazione dell'esistenza dell'anima nel *Fedone*[29].

Poco prima di svegliarsi, mentre Critone è già giunto nella cella ed in silenzio se ne sta seduto, compreso di stupore per la tranquillità che l'amico manifesta nel suo placido sonno, Socrate ha avuto un sogno premonitore[30], e non lo sorprende affatto

[27] Cfr. *Repubblica*, libro I, 353 b-354 a.
[28] *Ibid.*
[29] Cfr. *Fedone*, 114 d.
[30] *Critone*, 44 a-b.

l'annuncio del prossimo arrivo della nave. Nel sogno gli è apparsa una bellissima figura di donna vestita di bianco, ad annunciargli:

nel terzo giorno da questo,
alla fertile Ftia tu giungerai.

Ftia, come è noto, era la patria di Achille. Il verso è tratto dall'*Iliade*[31], dove figura come pronunciato da Achille stesso, in *risposta all'ambasceria mandata da Agamennone*: Achille intendeva partire il giorno dopo e, il terzo giorno, sarebbe giunto alla sua patria. Qui, nel *Critone*, assume senso profetico di vaticinio: Socrate, il terzo giorno da quello del sogno, sarebbe giunto alla Ftia ultraterrena, cioè alla Patria dell'anima. Dunque, la vera patria dell'uomo è la Patria dell'anima, ossia l'Ade.

Con lo stesso accenno all'oltretomba il *Critone* conclude, così come era incominciato. Anche nell'Ade vi sono Leggi e reggitori. Le Leggi terrene, *in quanto Leggi*, sono della stessa natura (sono "sorelle" dice Socrate) di quelle vigenti nell'oltretomba[32]. Di conseguenza, chi calpesta le Leggi terrene, offende, insieme, anche quelle ultraterrene, e male ne avrà recandosi all'Ade; mentre – per la stessa ragione – ne avrà bene chi in terra si sottomette alla Legge e vive secondo giustizia.

6. I RAPPORTI FRA IL CITTADINO, LE LEGGI E LO STATO

Il *Critone* culmina nel bellissimo dialogo di Socrate con le Leggi[33]. Al lettore moderno riesce più facile sentire la poesia di queste pagine, che non rivivere il loro autentico significato etico e filosofico, perché è profondamente mutato il concetto di "legge", ed è diverso anche il concetto di "patria" e di "stato". È necessario, pertanto, che ci soffermiamo a caratterizzare, almeno brevemente, quello che, per il Greco, era il senso di "Legge" e di "Stato" (πόλις).

«L'atteggiamento del cittadino greco verso la πόλις» ha scritto Luigi Stefanini «è un aspetto particolare dell'atteggiamento dell'uomo verso la natura. Con gli altri uomini il sin-

[31] *Iliade*, IX, 363.
[32] *Critone*, 54 b-d.
[33] *Critone*, 50 a-54 d.

golo mantiene lo stesso rapporto che con le cose: se avverse le forze della natura sono debellate, se propizie lo spirito si inserisce in esse e le compone in ordine, secondo un disegno di armonia e di bellezza; se avversi gli uomini sono combattuti e sottomessi, se amici formano col singolo un'unica grande individualità, alla quale l'individuo fa sacrificio di tutto se stesso. Ha origine in tal modo la salda unità della patria, in cui ciascuno ravvisa se medesimo, per cui ciascuno è orgoglioso della vita e fiero della morte. Più di tutte le altre divinità dell'Olimpo, verace divinità è questa che assomma in sé i pregi di tutti i suoi figli e ne esprime il volere concorde come forza invincibile, come faro di luce nel mondo. Valore supremo, le sono subordinate l'arte, la scienza, il costume: gli dei stanno nel suo tempio ad aggiungerle splendore e gloria. L'empietà è delitto perché offesa agli dei della patria. E come una legge rigorosa domina il corso degli eventi e si attua negli stessi contrasti che dilaniano il reale, per farne emergere più bello l'ordine nuovo; così la compattezza della vita cittadina è assicurata dall'impero delle leggi, immutabili nel loro fulcro essenziale, e sacre, perché figlie di Dio, generate nell'etere sublime»[34].

Eraclito, per la prima volta nella storia della filosofia greca, ha ridato speculativamente il senso più forte della Legge.

Nel frammento 114 si legge:

«*Parlando secondo la ragione, bisogna tenersi saldi con l'elemento che è a tutti comune* [= *la ragione cosmica*], così come una Città con le sue Leggi *e ancor più fortemente*. Infatti tutte le leggi degli uomini si nutrono dell'unica legge divina; *questa domina quanto vuole, basta per tutti e riesce sempre vittoriosa*».

A questi concetti, nel *Critone*, Platone ritorna assai vicino[35]. La Città, dice il frammento 114, si appoggia ed ha la sua forza nelle Leggi; lo stesso ripete il *Critone*: se Socrate fugge, calpesta le Leggi della Città e, con ciò stesso, distrugge la Città, che è tutt'uno con le Leggi: la saldezza di una Città è quella stessa delle sue Leggi.

Le Leggi umane, dice ancora il frammento 114, si nutrono

---

[34] Luigi Stefanini, *Platone*, 2 voll., II ediz. aggiornata, Cedam, Padova 1949 (vol. I, p. 30).

[35] Cfr. Kurt Hildebrandt, *Platon, Der Kampf des Geistes um die Macht*, Berlin 1931, traduz. it. a cura di G. Colli, Einaudi, Torino 1947, pp. 91 s.

tutte dell'unica Legge divina, dunque sono tutte di una medesima natura; il *Critone* esprime l'identico concetto, affermando che le Leggi della Città sono "sorelle" di quelle dell'Ade, il che significa, come sopra s'è detto, che sono della stessa natura. A causa di questo intrinseco legame, offendere la Legge umana significa, ad un tempo, offendere quella divina.

A proposito del culto che Socrate, nel *Critone*, professa nei confronti delle Leggi e della Città, è dunque errato parlare di "statolatria" – nell'accezione moderna del termine –; infatti, per lui, la Legge della Città non è che *un momento* della Legge del tutto: quindi, l'ossequio alla Legge della Città è ossequio alla Legge del Cosmo, sia pure in quella particolare manifestazione; e questa non è statolatria, ma senso cosmico e religioso della Legge.

L'ossequio che Socrate professa per la Legge di Atene – si può obiettare – è almeno esagerato: le Leggi di Atene sono, in fondo, leggi caduche, mutevoli e soggette ad errore, per quanto siano imparentate con quelle dell'Ade. Ma, risponde il *Critone*, alle Leggi della sua Città il cittadino deve tutto: secondo la Legge si sono sposati i suoi genitori, secondo la Legge lo hanno generato, secondo la Legge lo hanno allevato e secondo la Legge lo hanno educato; ancora: secondo la Legge, a sua volta, il cittadino si sposa, genera, alleva ed educa i figli; infine, il cittadino è tale per la Legge, e per la Legge gode di tutti i diritti civici e dei benefici a questi relativi. Dunque, il cittadino è "creatura" e "schiavo" (δοῦλος) delle Leggi[36]: s'è fatto, in quanto tale, nella "matrice" della Legge, secondo lo "stampo"[37] della Legge. E, poiché le Leggi coincidono con la Patria e con la Città, Socrate può ben affermare che, dovunque e sempre, bisogna fare ciò che le Leggi, la Patria e la Città comandano, qualsiasi cosa abbiano a comandare.

È, questa, ubbidienza incondizionata e "cieca"?

Rispondiamo: no affatto, per due motivi.

In primo luogo, dice Socrate, la Legge lascia libero il cittadino di accettarla o no; nel caso che non ritenga di poterla accettare, egli può andarsene dove vuole, prendendosi i suoi averi; ma se l'accetta, allora egli si obbliga a ubbidirle sempre[38].

In secondo luogo, la libertà del cittadino ha un'altra e più

---

[36] *Critone*, 50 e.

[37] Questa espressione è di K. Hildebrandt (cfr. nota 35).

[38] Cfr. *Critone*, 51 d-52 a.

luminosa via onde esplicarsi: cercare di "persuadere" la Legge, quando questa sia ingiusta, ossia convincere la Città dell'ingiustizia di quei provvedimenti che siano tali[39]. Potremmo dire: il cittadino ha sempre la libertà di persuadere la Legge, restando nel rispetto della Legge[40].

Ma, una volta che il cittadino si sia impegnato a ubbidire alle Leggi della Città, qualora non sia riuscito a persuadere le Leggi stesse di qualche loro ingiustizia, allora deve comunque ubbidire. Infatti, l'ubbidienza alla Legge – che sia o paia ingiusta – vale di gran lunga di più, che non l'anarchico atto di chi la calpesta[41], perché, in tal modo, a ingiustizia si contrappone e si aggiunge altra ingiustizia.

---

[39] Cfr. *Critone*, 51 b, 51 c, 51 e, 52 a; cfr. anche 50 a.

[40] Il saggio, ha scritto lo Stefanini, commentando e chiarendo questo principio «si insinua segretamente nelle coscienze per compiervi la pacifica rivoluzione che trasforma la società dal di dentro, risana la pianta non nelle fronde caduche, ma nelle radici profonde». E ancora: «Il metodo fu adottato da Socrate; e Platone, fedelissimo ad esso, evitando ogni partecipazione diretta alla vita pubblica, lo applicherà costantemente, con la schiera di allievi dell'Accademia dati al reggimento degli Stati, col tentativo di conquistare alla virtù i due Dionigi di Siracusa, soprattutto con le grandi opere che tracciano il piano per la costituzione dello Stato perfetto. Il programma politico del nostro filosofo può essere tutto riassunto nella formula: *persuadere le leggi*» (*op. cit.*, I, p. 35). L'osservazione è esatta; alla maturazione e alla consapevolezza piena del principio, tuttavia, come vedremo, Platone è giunto solo verso la fine della sua vita.

[41] «In ogni caso» scrive ancora lo Stefanini «*le leggi sono superiori alla loro negazione*» (*op. cit.*, I, p. 33).

III. IL FINE E IL SIGNIFICATO DEL «CRITONE»

1. UN PROBLEMA ERMENEUTICO

Veniamo all'ultimo problema di questa introduzione e domandiamoci: quale è il fine ed il significato del *Critone*; in altri termini: che cosa si è proposto di dire Platone, scrivendolo e pubblicandolo?

Le risposte che, a questo problema, gli studiosi hanno dato, sono numerose e assai diverse l'una dall'altra.

Pertanto, prima di esporre le conclusioni che, a nostro avviso, sono più verosimili, riportiamo, brevemente, quelle che – per così dire – rappresentano gli estremi, entro i quali si collocano tutte le altre e che servono a ridare perfettamente il senso al problema.

2. IL «CRITONE» COME NUOVA «APOLOGIA» DI SOCRATE

Una prima prospettiva di interpretazione, sostenuta da numerosi studiosi, intende e presenta il *Critone* come opera «apologetica»: come dialogo, cioè, concepito e scritto da Platone, ai fini di difendere ed esaltare la Figura del Maestro, quindi come prolungamento o come completamento dell'*Apologia*.

Socrate, condannato a morte ed imprigionato, ebbe possibilità e mezzi di fuggire e di salvarsi; ma, questo, egli si rifiutò decisamente di fare.

Ora, di conseguenza, alcuni dovettero accusarlo di non essere fuggito per viltà, per debolezza, per scoraggiamento; altri, invece, dovettero pensare che il comportamento di Socrate avesse le sue radici in un grande orgoglio filosofico, e che fosse anche dettato dal desiderio di farsi ammirare, distinguendosi da tutti gli altri.

Il *Critone* rappresenterebbe, precisamente, la confutazione e la risposta a codeste accuse e a così meschini fraintendimenti del comportamento di Socrate: non viltà né superbia hanno spinto il filosofo a rimanere in carcere ad attendere la morte, ma la fedeltà a se medesimo ed ai principi professati per tutta la vita. In questo senso, il dialogo è apologia, ossia difesa ed esaltazione della figura morale di Socrate[42].

3. IL «CRITONE» COME DIMOSTRAZIONE DELLA MORTE DI SOCRATE QUALE LIBERO MARTIRIO

Altri studiosi negano che il *Critone* abbia intenti apologetici, e, in esso, vedono, piuttosto, una "meditazione" di Platone sulla morte di Socrate, intesa a mettere in rilievo la completa "libertà" dell'estrema decisione del Filosofo.

Spieghiamo. Socrate ha liberamente accettato ed affrontato il processo; ma, una volta condannato – si potrebbe obiettare – ha dovuto *subire necessariamente* tutti gli avvenimenti che fecero seguito alla condanna: il carcere e, in particolare, la morte. Dunque, se così fosse, la morte del Filosofo risulterebbe un atto di *necessaria accettazione* e non affatto di *libera scelta.*

Ecco, allora, quale sarebbe l'intento del *Critone*: mostrando la possibilità che Socrate ebbe, negli ultimi giorni, di fuggire dal carcere e di salvare la vita, Platone mette in luce come anche la condanna a morte, così come ogni altra azione della vita del Filosofo, sia stata "scelta": scelta nel significato vero e proprio del termine, con piena coscienza, libertà e responsabilità, quale coerente conclusione di tutta una esistenza, vissuta per ricercare ed insegnare la virtù e la giustizia[43].

E, ancora, poiché la condanna a morte fu ingiustamente inflitta a Socrate – che Platone ritiene essere stato più di ogni al-

[42] È questa una nota tesi sostenuta in particolare dal Wilamowitz-Moellendorff, *Platon*, 2 voll., Berlin 1919 (più volte riedito) ed estesa da lui anche ad altri dialoghi "socratici". La tesi è stata ripresa da molti, in particolare cfr. M. Croiset, *Platon, Oeuvres complètes*, vol. I, pp. 209 s. In Italia essa è stata sostenuta dallo Stefanini, *op. cit.*, I, Paris 1920-35, pp. 29-35, il quale, nel *Critone*, vede soprattutto l'apologia di Socrate come *cittadino ideale*.

[43] Cfr. Friedlaender, *Platon*, cit., vol. II, pp. 159-164.

tro uomo giusto – così la sua morte, nel *Critone*, apparirebbe nella luce di "libero martirio" del giusto[44].

4. IL «CRITONE» COME ESPRESSIONE DELLA DECISIONE DI PLATONE DI RESTARE FEDELE AD ATENE

Ulteriormente, non solo si è negato l'intento apologetico, ma si è altresì negato che, per potere adeguatamente leggere ed intendere il *Critone*, ci si debba riferire a Socrate: Platone stesso e la sua missione starebbero, effettivamente, sotto la figura e il caso di Socrate.

Il malgoverno di Atene, i misfatti ed i delitti, in particolare l'uccisione di Socrate, di cui la Città si era resa colpevole, dovettero indurre Platone a meditare circa l'eventualità di abbandonare Atene per sempre, oppure circa la possibilità di compiere un colpo di mano, per abbattere la vigente Costituzione e il malgoverno.

Ora, il *Critone* esprimerebbe, precisamente, la rinuncia a queste due estreme tentazioni: Platone, con questo scritto, si impegnerebbe a rimanere fedele alla Città ed alla sua Costituzione: di rimanere, cioè, in Atene, cercando, nel pieno rispetto della Costituzione, di «persuadere le Leggi». Dunque, il *Critone* esprimerebbe l'intenzione di Platone di lavorare per una benefica trasformazione della Costituzione ateniese – che, allora, andava vieppiù guastandosi – mediante Leggi ispirate alla giustizia, ma senza fare uso della violenza, né di qualsiasi metodo rivoluzionario, ossia nel pieno rispetto della Legge costituita[45].

5. IL «CRITONE» COME MANIFESTO ANTIRIVOLUZIONARIO CHE ACCOMPAGNA LA «REPUBBLICA» E LA SUA NUOVA CONCEZIONE

Un'altra originale e penetrante interpretazione del significato del nostro dialogo è stata sostenuta dal Gomperz, uno dei più

---

[44] Cfr. Wolff, *Plato, Der Kampf ums Sein*, Bern 1957, pp. 149-152.
[45] Cfr. Hildebrandt, *op. cit.*, pp. 87-93.

noti storici della storia della filosofia greca. Il *Critone* dovrebbe collocarsi, quanto alla composizione, in un'epoca in cui alcuni libri della *Repubblica* erano già stati composti e, forse, anche pubblicati. Ora, nella *Repubblica*, viene presentata una concezione della Città idealmente rivoluzionaria, e che rivoluzionaria poteva sembrare anche dal punto di vista più propriamente politico. In altri termini: leggendo questo libro sulla "polis" ideale, gli Ateniesi avrebbero potuto ritenere, o almeno temere, che Platone ed i suoi seguaci concepissero e tramassero piani sovversivi e rivoluzionari, e che intendessero mettere in atto i medesimi.

Ed ecco, allora, che, con il *Critone*, Platone viene a dire questo ai suoi concittadini:

«Avete inteso parlare di novità sovversive nel campo sociale e politico da me escogitate e offerte al giudizio dell'opinione pubblica; non traete da ciò la conseguenza che ci proponiamo, io ed i miei discepoli, il rovesciamento, mediante la violenza, delle patrie istituzioni.

«Noi pregiamo altamente l'ubbidienza alle leggi, non meno che non la pregiasse il nostro Maestro, il quale volle presentarsi al giudizio quando gli era ben facile non farlo, e volle subire la condanna a morte che gli infliggeste, mentre nessun ostacolo si sarebbe frapposto se egli avesse voluto sottrarsi ad essa, riscattando con la fuga la libertà e la vita»[46].

6. IL «CRITONE» COME ESPRESSIONE DEL DRAMMA SOFFERTO DA PLATONE IN OCCASIONE DEL SECONDO VIAGGIO A SIRACUSA

Infine, il Turolla ha visto, nel breve dialogo, l'espressione accorata del dramma intensamente sofferto da Platone, in occasione del secondo viaggio a Siracusa, nel 368 a.C., alla corte di Dionisio il giovane, da poco succeduto a Dionisio il vecchio. «In quell'occasione» scrive lo studioso italiano «l'anima di Platone ha sofferto in sé l'angoscia del dubbio, sofferto il pericolo di un'eclisse della Verità che domandava categoricamente d'essere fatta nella realtà della vita, domandava ineluttabilmen-

[46] Cfr. Th. Gomperz, *Griechische Denker*, Leipzig, 1903-1909, traduz. it., La Nuova Italia, Firenze, vol. II, p. 316.

te di passare da semplice idea a compiuto atto morale dove è la pienezza dell'essere»[47]. Platone, in un primo momento, ha dubitato e, poi «fedele a luce di dovere, è partito per Siracusa ove prevedeva che non avrebbe concluso nulla; a Siracusa donde vent'anni prima era stato cacciato dal vecchio Dionisio e poi venduto schiavo...»[48].

In seguito a queste esperienze, Platone ha rivissuto in sé l'esperienza di Socrate e il dramma della coerenza fra azione e pensiero, fissandoli nel *Critone*. «Certo» scrive ancora il Turolla «restando alla cerchia di Platone e di Socrate, coloro che si trovarono di fronte al problema di far coincidere azione con parole, furono l'uno e l'altro, il maestro e il discepolo, e l'uno fedele alla voce del dovere era rimasto in carcere ed aveva affrontato la morte; l'altro circa trenta anni dopo, fedele alla stessa voce, nel 368 a.C. partì invece per la Sicilia; aspetti diversi d'una medesima condizione. Ma questa nota della vita socratica ha trovato tuttavia risalto solo quando il discepolo, pur lui, si è trovato di fronte al medesimo dovere»[49].

Ma, come si può sostenere che, veramente, il dramma espresso dal *Critone*, sia precisamente quello connesso a quel secondo viaggio in Sicilia?

Turolla ha dato, di questa tesi, una prova abbastanza eloquente: egli ha dimostrato come lo stesso dramma del *Critone*, sia contenuto nella *settima epistola*, proprio nel luogo in cui Platone spiega le ragioni che lo indussero a partire, e come vi siano sorprendenti analogie fra il dialogo e il passo in questione della epistola[50].

Ecco il punto della lettera che maggiormente illumina la nostra questione. Dopo aver esposto le ragioni con cui l'amico Dione lo sollecitava a recarsi per la seconda volta a Siracusa dal giovane tiranno Dionisio, Platone scrive: «In quanto a me, non mi sentivo senza preoccupazioni, dato che si trattava di giovani. Come sarebbe andata a finire la cosa? Il giovane infatti ha ideali che tramutano veloci, e che non di rado si portano su contrari obiettivi.

---

[47] Platone, *I Dialoghi, L'Apologia e le Epistole*, versione e interpretazione di E. Turolla, 3 voll., Rizzoli, Milano-Roma 1953, vol. III, p. 182.

[48] Turolla, *op. cit.*, III, pp. 182-183.

[49] Turolla, *op. cit.*, III, p. 183.

[50] *Ibid.*

«D'altra parte, sapevo esattamente il tono profondo del carattere di Dione; ne sapevo l'età già matura. Onde, pur considerando attentamente le evenienze e pur dubitando se mi dovessi porre in viaggio e ascoltare il consiglio dell'amico, mi decisi finalmente, *in quanto vinse il senso del dovere*. Io dovevo assolutamente partire; dovevo tentar la prova e proprio in questo momento, *dato che proprio ora qualcuno avrebbe cercato di dar realtà a quanto avevo meditato sulle leggi e sulle costituzioni*. Pensate che, se fossi riuscito a persuadere una sola persona, avrei potuto dire di aver già attuato ogni mio ideale. Con queste riflessioni e in questo stato d'animo, me ne partii da Atene. E non per i motivi che taluni credevano, bensì per un senso di pudore di fronte a me stesso; *di fronte a me stesso non volevo far la figura di essere unicamente parola, esclusivamente teoria*; uomo incapace sempre di volgersi pronto all'azione»[51].

Insieme a questo e ad altri riferimenti e concordanze del *Critone* con le *Epistole*, Turolla ha anche dimostrato la stretta relazione del nostro dialogo con le *Leggi*.

La più interessante e significativa delle concordanze è data dal tema del cittadino "servo" delle Leggi. Né i primi dialoghi platonici, né la *Repubblica* (e neppure la *Politica* di Aristotele) conoscono tale concezione; mentre essa ricorre numerose volte nelle *Leggi*, oltre che nel *Politico* e nelle *Epistole*[52]. E questo parrebbe deporre a favore della contemporaneità di composizione del *Critone* rispetto alle succitate opere e, di conseguenza, a favore dell'interpretazione dello studioso italiano.

7. RIFLESSIONI CONCLUSIVE

Dobbiamo, ora, in base agli elementi guadagnati, trarre le conclusioni intorno al significato del *Critone*. La critica – come si è visto, sia pure brevemente – presenta le più sconcertanti disparità di vedute. Quanto al significato del breve scritto, si va dalla proposta di intenderlo come semplice "apologia" di Socra-

---

[51] *Epistola VII*, 328 b-c.

[52] Cfr. *Leggi*, libro III, 698 b, 698 c, 699 c, 700 a; libro IV, 715 c, 715 d; libro V, 729 d, 729 e.

Cfr. *Epistola VII*, 334 c ed *Epistola VIII*, 354 c. Cfr. ancora *Politico*, 294 a ss. e, in particolare, 300 c. Cfr. Turolla, *op. cit.*, III, pp. 188-190 e 192.

te, alle proposte vieppiù complesse di intenderlo come "meditazione" sulla morte di Socrate accettata come libero martirio, come "professione di fedeltà" ad Atene espressa da Platone per bocca di Socrate, come "manifesto antirivoluzionario" scritto per accompagnare la *Repubblica*, come "espressione del dramma" sofferto da Platone in occasione del secondo viaggio a Siracusa.

Uguale disparità di vedute è riscontrabile, nella critica moderna, per ciò che concerne la determinazione della data di composizione del dialogo: questa è strettamente connessa a quella, anzi, ne è il presupposto: si va dalla proposta di intendere il *Critone* come prima opera o, comunque, come scritto molto antico, alle proposte di intenderlo come posteriore almeno al primo gruppo di dialoghi, oppure come posteriore anche ai grandi dialoghi della maturità e come contemporaneo alla *Repubblica* e, infine, come contemporaneo agli ultimi scritti.

La prima ipotesi trova consenziente la stragrande maggioranza degli studiosi; le posizioni intermedie hanno consenzienti soltanto pochi; l'ultima, poi, ha un solo ma accanitissimo sostenitore, il Turolla.

Quale, dunque, sarà stato il fine che Platone si è riproposto nello scrivere il *Critone*, e quando lo scrisse?

È fuori dubbio, a nostro avviso, che il tema della coerenza fra azione e pensiero e il dramma che la fedeltà ai principi comporta – in colui che veramente intenda restare coerente nella vita – sia il motivo conduttore che attraversa tutto il dialogo.

Platone, infatti, lo ribadisce con una insistenza del tutto particolare, tanto nella prima parte quanto nella seconda parte.

Si leggano, a prova, i seguenti passi: 46 b-d; 48 b; 48 d; 49 a-b; 53 c; 53 e; 54 a.

Ci sembra, però, altrettanto indubbio che, di per sé considerato, il tema della coerenza fra il pensiero e l'azione si potrebbe benissimo spiegare anche se riferito alla sola figura di Socrate: tutto quel senso di passato che traspira dai discorsi di Socrate quando, appunto, egli cita i discorsi di prima, le affermazioni sempre fatte in precedenza, i principi più volte ribaditi, potrebbe benissimo essere effetto della pura arte di Platone, che ripensa e rivive, anche fuori di quella situazione che il Turolla addita, il dramma del Maestro alla fine dei suoi giorni.

Ma è l'altro grande tema, ossia il tema delle Leggi – che si è visto essere decisamente emergente e in gran parte dominante –

che non sembra possibile inquadrare né nella speculazione né nello stile del primo Platone.

Tentativi di spiegare questa problematica delle Leggi restando nella sfera di pensiero del primo Platone non sono, in verità, mancati, ed è perciò necessario, prima di procedere alle conclusioni ultime, accennare ai più importanti e significativi di essi, per meglio intendere le conclusioni che trarremo.

Hanno iniziato il Paoli[53] e lo Harder[54] seguiti dal Calogero[55], a dare del *Critone* una interpretazione che il Calogero stesso denomina "giuridica"; quest'ultimo, anzi, ha dato a questo tipo di interpretazione l'aspetto filosoficamente più compiuto. Questi studiosi, dunque, hanno tentato di ricostruire il contenuto polemico del *Critone* e il momento storico in cui dovrebbe collocarsi, appunto attraverso i concetti giuridici che Platone discute.

Il Paoli ha individuato tre fondamentali argomentazioni giuridico-dottrinarie intorno alle quali ruota la discussione del *Critone*. 1) Contro la radicata convinzione che non sia lecito fare ingiustizia, ma che sia lecito restituire torto o ingiustizia, Platone difende un nuovo concetto di giustizia, secondo il quale *mai e in nessun modo* è lecito far torto o ingiustizia, neppure quando si subisca torto o ingiustizia. 2) Platone, inoltre, mostra come, anche dato (ma non concesso) che fosse lecito restituire ingiustizia, questo potrebbe – semmai – essere lecito fra pari, ma non fra inferiore e superiore (per esempio non fra figlio e padre, non fra schiavo e padrone), quindi mai fra il suddito e la Legge. 3) Infine, Platone fa richiamo all'obbligo contrattuale che il cittadino ha di fronte alle Leggi, obbligo assunto mediante una convenzione o un contratto. Ora, questi concetti di Platone non si spiegherebbero se non *in rapporto alla riflessione etico-giuridica contemporanea*. E fra i sostenitori di idee contro cui la prima delle tesi platoniche sopra elencate è diretta, il Paoli cita, fra altri, Antifonte sofista[56]. Calogero ha approfondito ulteriormente le riflessioni del Paoli, mo-

---

[53] Cfr. U.E. Paoli, *Problemi di diritto pubblico nel «Critone» platonico*, in «Rivista internazionale di filosofia del diritto», XII, 1932, e in *Studi sul processo attico*, Padova 1933; Idem, *Platone, Critone*, Firenze 1934.

[54] R. Harder, *Platon's Kriton*, Berlin 1934 e *Kleine Schriften*, München 1960, pp. 223-246.

[55] G. Calogero, *Platone, Critone*, 2ª ediz., Firenze 1961.

[56] Cfr. nota 53; si veda anche l'esposizione che ne fa il Calogero, *op. cit.*, pp. XIII ss.

strando come in un frammento pervenutoci dell'opera sulla *Verità* di Antifonte[57], si riscontrino anche le idee contro cui Platone prende posizione nel terzo punto.

Il Calogero non crede che il *Critone* sia una puntuale risposta allo scritto sulla *Verità* di Antifonte, dato che non si sa l'epoca di composizione di quest'ultimo; egli pensa tuttavia ai Sofisti in genere e pensa all'ambiente creato da essi. I Sofisti hanno distrutto il presupposto della morale corrente; ora Platone, nel *Critone*, non si limita solo a prendere le difese di questo presupposto, contro la negazione dei Sofisti, ma si spinge addirittura a dichiararlo insufficiente. E, così – spiega ulteriormente il Calogero – Platone, nel *Critone*, opera due grandi capovolgimenti: 1) al principio che far ingiustizia non è lecito, ma è lecito rendere ingiustizia, egli contrappone il più alto principio che mai, in nessun caso, è lecito né fare né rendere ingiustizia; 2) alla tesi che riduce la Legge a contratto e a convenzione fra individui (principio su cui si basano i Sofisti per irridere alla legge, contrapponendo il giusto *per natura* al giusto *per convenzione*) Platone oppone lo spostamento (e quindi una radicale innovazione) dei termini del «contratto». La legge non è frutto di contratto o di convenzione (e quindi non è contratto e convenzione essa stessa), bensì è *contraente*: i soggetti del rapporto giuridico non sono i soli individui, ma sono, da un lato, *le leggi stesse*, e, dall'altro, i cittadini. La novità di questa inversione di rapporti – la legge non più *contratto* ma *contraente* – spiega, insieme, dandole un più alto significato, l'affermazione della maestà e superiorità delle Leggi sull'uomo, e spiega, anche, perché Platone, nel *Critone*, abbia fatto parlare le Leggi personificandole: si trattava di far sentire «nella maniera più icastica» proprio la loro *personalità di contraenti*[58].

Ora, pur riconoscendo alle tesi del Paoli ed in particolare a quelle del Calogero un notevole acume interpretativo, rileviamo come esse lascino alcune cose inspiegate.

a) In primo luogo, se veramente fosse stato scritto in polemica con i Sofisti e se, comunque, presupponesse il preciso ambiente storico creato dalla sofistica, come mai il *Critone*

---

[57] Cfr. *Oxyrh. Pap.*, XI, n. 1364 e in Diels-Kranz, *Die Fragmente der Vorsokratiker*, II (5 ediz.), pp. 346 s. (cfr. anche Untersteiner, *Sofisti, testimonianze e frammenti*, Firenze 1962, fascicolo IV, pp. 72 ss.).

[58] Cfr. Calogero, *op. cit.*, pp. XV-XXVI.

non fa esplicita parola dei Sofisti? Il fatto sarebbe indubbiamente *anomalo*, dato che, in quei primi dialoghi che sono dichiaratamente antisofistici, la polemica, appunto antisofistica, è condotta in tutt'altro modo; ed esso sarebbe tanto più anomalo, in quanto i Sofisti negavano proprio quei principi su cui si fonda il dialogo e, quindi, la suprema decisione di Socrate. Che il *Critone* contenga principi nettamente antisofistici è fuori discussione; ma che questi sottintendano una precisa e puntuale polemica contro i Sofisti, non è affatto dimostrato. Confrontando questo dialogo con quelli programmaticamente antisofistici, si ha l'impressione che, nel *Critone*, il fermento e la polemica antisofistica siano, invece, ormai cose lontane.

b) Il *Critone*, inoltre, presenta un altro aspetto sconcertante, se paragonato con i primi dialoghi, con i quali dovrebbe essere allineato. Questi, infatti, sono condotti con metodo aporetico e concludono tutti *almeno formalmente riproponendo alla fine insoluto il problema da cui erano partiti.* Tutti insistono sull'aspetto del non-sapere socratico, implicitamente o esplicitamente: l'*Apologia*, poi, fa di questo aspetto un tratto del tutto peculiare di Socrate. Il *Critone*, all'opposto, non conosce il più lontano dubbio e non reca traccia della professione socratica del non-sapere. Circa i suoi capisaldi e i suoi principi filosofici il Socrate del *Critone* dimostra una sicurezza inconcussa.

c) In particolare, per venire al tema specifico delle Leggi, in nessuna delle opere giovanili di Platone e neppure in quelle della maturità, compare il concetto del «servo delle Leggi»; concetto che compare invece nel *Critone*[59] e con grande frequenza *negli ultimi scritti platonici*[60], e in modo speciale nelle *Leggi*[61].

---

[59] Cfr. *Critone*, 50 e (cfr. nota 59 alla traduzione, p. 64).

[60] In particolare: nel *Politico* e nelle *Epistole*: cfr. i passi indicati, sopra, nota 52.

[61] Ecco i passi più significativi. *Leggi*, l. III, 698 b-c: «Con questi sensi, ogni Ateniese accettava di buon animo una *servitù alle leggi* di allora. Ma poi s'aggiunse la vastità della spedizione per terra e per mare, che produsse tal terrore e una tale confusione, da infondere nei cittadini rispetto ancor maggiore alle leggi; veri *servi delle leggi* e delle magistrature furono fatti gli Ateniesi per opera di questi eventi»; 699 c: «Questi eventi tutti infondevano reciproco amore e concordia; aggiungi quella reverenza che s'era venuta formando verso le stabilite leggi, reverenza ch'era grande e

d) Lo stesso espediente poetico di dar veste e forma umana alle Leggi, introducendole quali figure di vegliardi (si ricordi che in greco il termine νόμος è maschile mentre in italiano diventa femminile) che sbarrano la via a Socrate, che – stando ai consigli di Critone – dovrebbe evadere dal carcere, e gli dicono i molti motivi dell'iniquità della fuga (quella che suole chiamarsi la "prosopopea" delle Leggi) non ha riscontro alcuno nei primi dialoghi. Questo particolarissimo modo di introdurre una argomentazione è invece frequente, ancora una volta, negli ultimi scritti[62]: dunque, sarebbe anomalo nell'ambito dei primi scritti.

---

profonda in questi *servi di sancita legge*. Precedentemente l'abbiamo chiamata col nome di rispetto. Quel rispetto cui debbono esser sottoposti e cui debbono servire quanti un giorno dovranno essere uomini onesti e persone per bene»; *ivi*, 700 a: «Amici cari, quando le antiche leggi vigevano, il popolo non era padrone e arbitro di qualche cosa; bensì il popolo era *volontario servo delle leggi*»; l. IV, 715 c-d: «A chi invece si dimostra ossequiente verso le stabilite leggi e a chi supera tale difficile prova, affermiamo si debba il titolo supremo di *Servo delle leggi*; un titolo inferiore, a chi ha vinto inferiore battaglia; e seguitando questo rapporto così si deve attribuire il titolo a quelli che tengono dietro in successivo ordine. E, in questo momento, ho chiamato *Servitori della legge* coloro che comunemente si chiamano governanti, non certo per desiderio di denominazioni nuove, ma perché ritengo che la salvezza d'una città dipenda tutta di qui; la salvezza come pure la rovina. Perché, *dove la legge sia ad altri soggetta e senza autorità, pronta incombe rovina; dove invece la legge sia signora dei governanti e dove i governanti siano servi della legge vedo salute e ogni bene fra quanti gli Dei alle città concessero*»; l. V, 729 d-e: «Del resto, verso la patria e verso i concittadini, di gran lunga è ottimo chi preferisce riportare una certa vittoria: chi preferisce cioè essere primo *servo delle patrie leggi*, piuttosto che primo atleta ad Olimpia e in ogni altra gara in guerra o in pace; *servo delle leggi* perché più d'ogni altro uomo egli ha prestato alle leggi, per tutta la vita, *servitù perfetta*» (traduzione Turolla).

E nel *Critone* si legge la seguente affermazione messa in bocca alle Leggi stesse: «E poiché fosti generato, allevato ed educato, potresti tu senz'altro sostenere di non essere nostra creatura e *nostro servo*, tu e i tuoi progenitori?».

[62] Ecco quanto scrive il Turolla: «Ora, questo modo d'introdurre un'argomentazione è sconosciuto del tutto, e senza eccezione, a qualsiasi opera giovanile; mettendo il *Critone* con le opere prime, il dialogo verrebbe a costituire una singolarità vera e propria; al contrario questo fatto è relativamente frequente nelle opere tarde. L'*Epistola settima* (328 a-329 a) introduce lo stesso Dione ancora vivo che con discorso direttamente riferito rimprovera a Platone l'indugio ad aderire agli inviti, e alle pressioni per recarsi a Siracusa (anno 367 a.C.). L'*Epistola ottava* (355 a, 11-357 d) in-

Si potrebbero addurre anche altri argomenti[63] ma a noi basta l'aver richiamato l'attenzione su quelli sopra esposti e soprattutto – giova ripeterlo – sulla grande tematica filosofica delle leggi con il relativo concetto dell'uomo «servo delle Leggi», che riporta al giro di pensiero dell'ultima opera platonica, la quale si intitola appunto *Le Leggi*.

Dunque, il *Critone* è opera del primo oppure dell'ultimo Platone?

Al dilemma non ci sembra di poter rispondere abbracciando la comoda tesi tradizionale, dopo che Gomperz e Turolla hanno rilevato tratti e particolarità, nel *Critone*, che sarebbero troppo anomali se si tenesse ferma, appunto, questa tesi. D'altra parte, riconosciamo come anche la tradizione avesse i suoi motivi validi: è certo che le *caratteristiche d'insieme* del *Critone* non sono precisamente quelle degli ultimi scritti.

Si potrebbe avanzare una terza ipotesi come possibile: quella, cioè, di un rifacimento del dialogo o, comunque, di una rielaborazione di esso da parte del vecchio Platone. In tal caso – ma, si badi, si tratta di una pura «ipotesi di lavoro» e di una mera congettura – quell'aspetto di vecchio e di nuovo, quei dati sconcertanti sopra esaminati avrebbero una precisa spiegazione e resterebbero del tutto chiariti: sempre che (e questo lo diciamo per mettere ulteriori armi di difesa in mano al lettore) quei dati che sembrano inspiegabili se non si riportano all'ultimo Platone, non siano – come qualcuno potrebbe obiettare – luminose anticipazioni della giovinezza che matureranno solo nell'ultima stagione.

Resta, in ogni caso, il fatto che il *Critone* si presta ad essere letto come una splendida introduzione alle *Leggi*.

Quale sia l'epoca della composizione, la sua lettura più pro-

---

troduce Dione già morto a dare i suoi consigli ai Siracusani in modo del tutto eguale al *Critone*. Le *Leggi* (715 e-718 a) introducono il legislatore il quale parla ai suoi cittadini prima d'intraprendere la sua opera legislativa. E più brevi non dissimili discorsi vi sono sparsi in grande abbondanza nello stesso dialogo, per es., 629 b, 637 c, 649 a etc.» (*Platone, I Dialoghi*, III, p. 193).

[63] Cfr. H. Gomperz, *Ueber die Abfassungszeit des platonischen Kriton*, in «Zeitschrift für Philosophie und philosophische Kritik», vol. 109, pp. 176 ss.; E. Turolla, *Il posto del «Critone» nello svolgimento del pensiero platonico e nella cronologia dei dialoghi*, in «Rivista rosminiana di filosofia e di cultura», IV, 1950, pp. 241-255 e Idem, *Platone, I Dialoghi*, III, pp. 181-196.

ficua risulta essere, in ogni caso, quella che lo considera una sorta di «*proemio alle Leggi*», come di recente M. Montuori ha proposto[64].

---

[64] M. Montuori, *Il «Critone». Un proemio alle «Leggi»?*, Accademia Pontaniana, Napoli 1993. Ecco le conclusioni cui perviene questo autore: «Alla domanda [...] circa l'epoca di composizione del *Critone*, mi pare [...] che si possa cautamente, certo, e pur fondatamente rispondere che esso potrebbe collocarsi oltre il *Gorgia* e il *Fedone* ed oltre la *Repubblica* ed il *Politico*, la cui dottrina del buon governatore supera e presuppone, inserendosi nel tempo della lenta gestazione del lungo dialogo delle *Leggi* [...] [Il *Critone*] costituirebbe un momento di pausa e di riflessione nel corso della lenta scrittura della fatigante costruzione nella Città celeste. Ma a differenza delle *Leggi* [...] il *Critone*, come l'*Apologia*, è destinato ad altro pubblico e, quindi, ad altro livello di discorso corrispondente ad altro livello di scrittura, che non ha nulla a che vedere con la giovinezza di Platone cui corrisponderebbe una fresca scrittura giovanile. Concludiamo, allora, [...] confermando l'ipotesi che il *Critone* sia da leggere in funzione di *proemio* delle *Leggi*? Conclusione, a mio avviso, molto più certa del contrario» (p. 52).

NOTA BIBLIOGRAFICA

Per quanto concerne la traduzione del *Critone*, ricordiamo che essa è stata condotta in base alla lezione del testo stabilita da:

J. Burnet, *Platonis Opera*, 5 voll., Oxford 1900 e ss. (più volte ristampati) che resta tuttora la migliore.

Il Burnet ha dedicato al Critone anche un commento filologico (*Plato's Euthyphro Apology of Socrates and Crito*, 1924), fondamentale per l'approfondimento di molte questioni.

Una ricca bibliografia riguardante specificamente il nostro dialogo si potrà trovare nelle seguenti tre opere:

Ueberweg-Praechter, *Grundriss der Geschichte der Philosophie, Erster Teil: Die Philosophie des Altertums*, 12 ediz., Darmstadt 1960, pp. 74* s.;

W. Totok, *Handbuch der Geschichte der Philosophie*, I, Frankfurt am Main 1964, pp. 181 ss.;

H. Cherniss, *Plato 1950-1957*, in: «Lustrum, Internationale Forschungsberichte aus dem Bereich des klassischen Altertums», 1959/4 e 1960/5, Göttingen, 1960-1961, vol. I, pp. 83 s. e vol. II, p. 590.

L. Brisson, *Platon 1958-1975*, «Lustrum», 1977/20.

L. Brisson, *Platon 1975-1980*, «Lustrum», 1983/25.

L. Brisson, *Platon 1980-1985*, «Lustrum», 1988/30.

L. Brisson, *Platon 1985-1990*, «Lustrum», 1992/34.

Questi lavori di Brisson, veramente eccellenti, si consulteranno alla voce *Crito*, con i rimandi afferenti, che possono venire integrati consultando: L. Brisson, *Plato bibliography 1992-1994*, by L. Brisson with the assistence of F. Plin, CNRS Paris (s.d.).

CRITONE
O
DEL DOVERE

PERSONAGGI

Socrate

Critone, amico, discepolo e coetaneo suo.

Scena

Una cella del carcere di Atene, al primo crepuscolo mattutino, il terzo giorno precedente la morte di Socrate.

(Siamo nella primavera del 399 a.C.).

PRELUDIO

L'ANNUNCIO DI CRITONE DEL RITORNO IMMINENTE DELLA NAVE SACRA DA DELO E IL SOGNO PREMONITORE DI SOCRATE

SOCRATE – Perché sei venuto a quest'ora, o Critone? O non è ancora molto presto?[1]

CRITONE – Sì, certo.

SOCRATE – Che ora è dunque?

CRITONE – È la prim'alba.

SOCRATE – Mi meraviglio che il custode del carcere abbia potuto darti ascolto[2].

CRITONE – Ormai mi è amico, o Socrate, a causa delle frequenti visite che faccio qui, e poi ha avuto da me anche un piccolo beneficio[3].

SOCRATE – Sei venuto ora, o già da molto tempo?

---

[1] Socrate si è appena svegliato; s'accorge, dalla scarsa luce, che è molto presto, e già vede seduto accanto Critone silenzioso (il quale, come subito dirà, è giunto da un pezzo, dunque in piena notte); di qui la sua meraviglia e la domanda improvvisa con cui il dialogo ha inizio.

[2] Dal *Fedone* sappiamo, infatti, che il carcere si apriva a mattino inoltrato. Gli amici di Socrate, da quando questi era stato imprigionato, tutti i giorni solevano visitarlo: si davano convegno davanti al tribunale, dove si era svolta la causa, che era prossimo al carcere, e, conversando, attendevano «che il carcere si aprisse: perché non si apriva molto presto»; quando il carcere si apriva, entravano e restavano a conversare e a ragionare tutto il giorno con lui (cfr. *Fedone*, 59 d).

[3] Si tratta, verosimilmente, di danaro: forse di una lauta mancia, data la prestazione del tutto eccezionale, nel pieno della notte; ma, per non offendere l'alto senso morale di Socrate, Critone usa questa espressione delicata, blandamente allusiva, che dice e non dice.

CRITONE – È da molto, abbastanza.

b SOCRATE – E perché, dunque, non mi hai subito svegliato, e, invece, sei rimasto qui accanto in silenzio?[4]

CRITONE – No, per Giove, o Socrate, neppure io avrei voluto star qui in questa veglia penosa, ma da un pezzo mi stavo meravigliando, sentendo come dormivi placidamente; e di proposito non ti ho svegliato, perché tu continuassi a riposare nel modo più gradevole. E, in verità, spesso, anche prima, durante tutta la tua vita, ti ho ritenuto felice per la tua indole, ma molto più ora nella presente sventura, vedendo come la sopporti con facilità e con calma.

SOCRATE – E infatti, o Critone, sarebbe una stonatura[5] che un uomo della mia età[6] si lamentasse di dovere ormai morire.

c CRITONE – Anche altri, o Socrate, della tua età sono colti da sventure come la tua, ma l'età non toglie affatto che essi si lamentino della sorte che loro tocca.

SOCRATE – È così. Ma, perché sei venuto così presto?

CRITONE – Per portarti, o Socrate, una notizia penosa, non per te, come pare, ma penosa e grave per me e per tutti i tuoi amici, e che, come mi sembra, sento pesare più gravemente di tutti gli altri.

SOCRATE – E qual è questa notizia? È forse giunta da Delo
d la nave, al cui ritorno io devo morire?[7]

---

[4] Critone era venuto nottetempo per indurre Socrate alla fuga, ma, trovandolo immerso in un sonno così profondo e soave – un sonno quale, per colui che sa che, fra non molto, dovrà morire, Critone non riteneva possibile – è colto come da un arcano stupore e da un ritegno improvviso. Questo stato d'animo di Critone, d'altra parte, è presentato da Platone con un particolare significato, di cui diremo, avanti, alla nota 12 p. 43.

[5] Il testo originale dice «πλημμελές» (πλήν e μέλος = senza melodia, fuori tono). Si potrebbe tradurre anche «sconveniente», ma credo che, qui, abbia uno specifico significato il senso originario. Secondo Platone, infatti, come è stato notato, la vita dell'uomo deve essere armonica, come una musica: le sciagure ed i dolori devono comporsi nell'equilibrio della ragione e gli scomposti moti delle passioni placarsi nell'armonia del *logos*. Se Socrate si lagnasse della sventura toccatagli, lascerebbe vincere in sé la passione sensibile, cioè romperebbe l'equilibrio della ragione: ecco in che senso Platone parla di «stonatura», come da tempo gli interpreti hanno ben rilevato. Cfr. sotto, la nota 20 p. 50.

[6] Socrate aveva settant'anni (cfr. *Critone*, 52 e).

[7] Ecco come il *Fedone* spiega la storia della nave sacra e la sua connessione col caso di Socrate. Fedone sta per iniziare la sua narrazione ad Echécrate, del giorno in cui Socrate bevve, nel carcere, il veleno, e, per prima cosa, chiarisce le ragioni per cui, dal giorno del giudizio a quello della morte, passò circa un mese.

CRITONE – Non è ancora arrivata, ma credo che arriverà quest'oggi, in base a quel che dicono alcuni che sono arrivati dal Sunio[8], e che l'hanno lasciata là. È chiaro, dunque, da queste notizie, che oggi giungerà e domani, o Socrate, dovrai morire[9].

SOCRATE – E sia, o Critone, con buona fortuna: se così piace agli Dei, così avvenga; io, però, non credo che essa giungerà quest'oggi.

CRITONE – Da che cosa desumi questo? 44 a

SOCRATE – Te lo dirò. Il giorno successivo a quello in cui arriverà la nave, io dovrò morire.

CRITONE – Così, appunto, dicono le autorità responsabili[10].

SOCRATE – Ebbene, io non credo che essa arriverà oggi, ma domani. Lo desumo da un sogno che ho fatto poco fa, durante questa notte[11]: e ti è andata bene a non avermi svegliato[12].

«FEDONE – Dunque, non avete saputo neppure come è andato il giudizio!

ECHÉCRATE – Sì, questo lo abbiamo saputo: qualcuno ce l'ha raccontato; ma ci siamo meravigliati che, come pare, egli sia morto tanto tempo dopo la condanna. Come mai, o Fedone?

FEDONE – [...] proprio il giorno prima della condanna il caso volle che venisse coronata la poppa della nave, che gli Ateniesi mandano a Delo.

ECHÉCRATE – E che nave è mai questa?

FEDONE – Questa è la nave, come raccontano gli Ateniesi, su cui, una volta, Teseo salpò verso Creta, portando le sette coppie di fanciulli e fanciulle, e le salvò dalla morte e salvò anche se stesso. E si racconta che gli Ateniesi, allora, promisero ad Apollo, se mai quelli si fossero salvati, di mandare tutti gli anni a Delo un sacro pellegrinaggio; e d'allora in poi, sempre e ancor ora, tutti gli anni mandano quel sacro pellegrinaggio. E dal momento in cui la cerimonia comincia, è prescritto agli Ateniesi di mantenere la città pura e di non mandare a morte nessuno per pubblica condanna per tutta la durata di essa: cioè fino a quando la nave non sia giunta a Delo e poi non sia di nuovo tornata ad Atene: e qualche volta passa molto tempo, quando càpitano venti contrari, che la tengono ferma colà. La cerimonia inizia dal giorno in cui il sacerdote di Apollo incorona la poppa della nave: e questo, come ti dicevo, per combinazione avvenne il giorno precedente la sentenza. È per questo motivo che Socrate dovette passare tanto tempo nel carcere, fra la condanna e la morte» (traduzione di G. Reale, La Scuola, Brescia 1995).

[8] Il Sunio è un promontorio, situato a Sud dell'Attica.

[9] Come è già stato notato da alcuni studiosi, il *Fedone* ignora quanto, qui, nel *Critone*, si afferma: «... *il giorno prima*, quando uscimmo dal carcere *alla sera*, venimmo a sapere che la nave era arrivata da Delo» (*Fedone*, 59 d-e).

[10] Le autorità responsabili, alle quali Critone allude, sono gli Undici (dieci magistrati più lo scrivano) che avevano il potere sulle condanne e sulle carceri.

[11] Si ricordi che, poco prima del momento in cui Socrate si è svegliato, era notte, dato che il dialogo inizia alla prim'alba.

[12] Si noti la coincidenza particolarmente allusiva: proprio mentre Critone

CRITONE – E che sogno era?

SOCRATE – Mi pareva che si avvicinasse a me una bellissima
b figura di donna vestita di bianco, che mi chiamasse e che mi dicesse: «o Socrate,

nel terzo giorno da questo,
alla fertile Ftia tu giungerai[13] ».

CRITONE – Strano il sogno, o Socrate.

SOCRATE – Ma chiaro, mi sembra, o Critone[14] .

---

non osa proferire parola, colto da religioso stupore di fronte al sonno quieto e sereno di Socrate, questi sta ricevendo, in sogno, il segno premonitore; il religioso stupore che tiene quasi incantato il discepolo è come il riverbero di quella forza divina che, nel sogno, sta illuminando il maestro.

Si ricordi, ancora, che, nel momento in cui Socrate sogna, la notte sta per terminare, e sta per spuntare la prima alba; era questo – secondo la credenza degli antichi – il tempo dei sogni veraci.

[13] Cfr. *Iliade*, libro IX, v. 363. Platone riprende il verso di Omero mutando, per ovvie esigenze, solo la persona del verbo.

[14] Il sogno vuol significare che, il terzo giorno, Socrate sarebbe morto e, morendo, l'anima sua sarebbe tornata alla Patria celeste: non sulla terra, dove l'uomo nasce, è la vera patria, ma dove ha la sua origine l'anima, perché la vera natura dell'uomo non consiste nel corpo ma nell'anima.

PARTE PRIMA

CRITONE PROPONE A SOCRATE DI EVADERE DAL CARCERE E DI FUGGIRE DA ATENE[15]

CRITONE – Fin troppo, a quanto pare. Ma, divino Socrate,
dammi retta almeno ora e salvati[16], perché, se tu morirai, non
una sola sciagura mi toccherà, ma, oltre che essere privato di
un amico quale non troverò mai nessun altro, farò anche la fi-
gura, di fronte a molti che non conoscono bene né me né te, di
non essermi curato di salvarti, pur essendo in grado di farlo, se c
solo avessi voluto sacrificare denari. E ci può forse essere una
reputazione peggiore di questa, di parere uno che dà maggiore
importanza ai denari che agli amici? La gente non crederà che
proprio tu non hai voluto andartene di qui, mentre noi conti-
nuavamo a sollecitarti[17].

---

[15] Vedasi, sopra, l'esposizione a pp. 8-10.

[16] Che gli amici di Socrate abbiano veramente tentato di indurre il filosofo a fuggire dal carcere, risulta anche da altre fonti. Senofonte, ad esempio, nella sua *Apologia*, racconta come alcuni discepoli di Socrate avessero cercato di convincerlo a fuggire e come il filosofo se ne fosse schermito, con la sua usuale ironia, informandosi dove mai, fuori di Atene, la morte non potesse entrare. Secondo Idomeneo Epicureo, come apprendiamo da Diogene Laerzio (II, 35, 60; III, 36), sarebbe stato Eschine, un seguace di Aristippo, ad aver tentato di convincere Socrate. Se così è, l'argomento da cui il *Critone* prende le mosse è «storico», nel senso che ha un fondamento reale, che, beninteso, Platone svolge e trasfigura con la massima libertà.

Da questo inizio, come da altri punti del discorso di Critone, pare, anzi, che a più riprese gli amici avessero cercato di persuadere Socrate alla fuga. Questo rappresentato nel dialogo sarebbe, dunque, l'estremo tentativo, il più intenso e drammatico: se Critone non riuscirà neppure questa volta, Socrate dovrà morire.

[17] Per quanto possa apparire strano questo mettere sullo stesso piano la perdita di Socrate e la reputazione di avarizia e di mancanza di cura per gli amici in bocca a Critone, non bisogna pensare, come hanno fatto alcuni, che

SOCRATE – Ma, caro Critone, perché dobbiamo darci pensiero così del parere della gente? Le persone più avvedute, delle quali tien conto preoccuparsi, riterranno che le cose si sono svolte come effettivamente si svolgeranno[18].

d CRITONE – Eppure vedi, o Socrate, che è necessario curarsi anche dell'opinione della gente. Proprio l'attuale situazione dimostra che la gente è capace di fare non solo i mali più piccoli, ma anche i mali più grandi, quando uno in mezzo ad essa venga calunniato[19].

SOCRATE – Magari, o Critone, fosse in grado la gente di fare i mali più grandi, così che potesse fare anche i beni più grandi! Sarebbe veramente bello. E, invece, non sa fare né gli uni né gli altri: infatti, non sa rendere nessuno né assennato né dissennato, e quello che fa, lo fa così come capita[20].

e CRITONE – E sia pure così; ma, o Socrate, dimmi questo. Ti dai pensiero, forse, di me e degli altri amici, se tu fuggi di qui, che i sicofanti[21] ci procurino molestie per averti fatto evadere

---

Platone voglia presentare Critone in cattiva luce, ma per quel personaggio che era: un amico che amava molto Socrate, ma non ne capiva fino in fondo il pensiero filosofico.

[18] Ecco che, fin da questa prima risposta, incomincia a profilarsi l'antitesi dei due «piani», sui quali si muovono Critone e Socrate: a Socrate nulla importa dell'«opinione» del volgo e si preoccupa *solo* della «ragione» e di chi ha «ragione»; Critone, invece, condurrà tutte, o quasi, le sue argomentazioni sul piano della pura «opinione» o del puro «sembrare». Cfr. anche Introduzione, II, 2.

[19] Anche sull'ossequio all'opinione, che Critone mostra (cfr. note 17, p. 45 e 22, p. 47), non sembra, tuttavia, il caso di esagerare; non è, infatti, che Critone non intenda le ragioni del *logos* socratico (quando Socrate risponderà, Critone mostrerà di comprendere e non avrà nulla da obiettare; resterà solo perplesso e non si sentirà di trarre le estreme conseguenze dal punto di vista – diremmo – *esistenziale*: egli sembrerà voler dire: «... i principi, sì, ... ma, quando si tratta della vita ...»). Qui in ogni modo, è chiaro perché Critone si dà tanto pensiero dell'opinione: perché, egli dice, essa è *capace di fare i mali più grandi*, di far morire un uomo, quando sparge calunnie! Insomma, Critone è attento alle *conseguenze pratiche*; è su queste che intende richiamare l'attenzione di Socrate.

[20] Il bene più grande è, per l'uomo, l'essere assennato, il male più grande l'essere dissennato. Non la vita, di per sé, è ciò che più importa, *ma la vita vissuta come deve essere vissuta*, cioè secondo senno e ragione. In questo senso, la gente non può fare il male maggiore perché non può togliere ad uno il senno, né può fare il bene maggiore, perché non può dare ad alcuno il senno, del quale essa stessa è totalmente priva.

[21] «Sicofante» vorrebbe dire, alla lettera, «delatore» o «denunciatore». Ad Atene i sicofanti erano coloro che, per professione, facevano i denunciatori.

dal carcere, e che ci facciano perdere tutte le nostre sostanze o,
almeno, gran quantità di danaro, e che, oltre a questo, ci faccia-
no soffrire anche altro? Se hai timori di questo genere, mettili 45 a
da parte: è giusto, in fondo, che, per salvarti, corriamo questo
rischio e, se occorre, anche più grave di questo[22]. Ascoltami
dunque, e non fare diversamente.

SOCRATE – E di queste cose mi dò pensiero, o Critone, e di molte altre[23].

CRITONE – Ebbene, di questo non devi avere paura. Non è poi
molto il danaro che vogliono, certuni, per trarti in salvo fuori di
qui[24]. Inoltre, non vedi come questi sicofanti si accontentino di
poco e come non ci sia bisogno per loro di molto danaro? Il mio b
avere è a tua disposizione e ritengo sia bastante; inoltre, se tu,
preoccupandoti per me, non reputi di dover spendere del mio, ci
sono qui questi forestieri disposti a spendere: uno ha portato con
sé il denaro necessario per questo scopo, Simmia di Tebe[25], ma è
disposto a contribuire anche Cebete[26], e moltissimi altri[27]. Sic-
ché, come dico, non devi rinunciare a salvarti per questi timori,
né ti deve fare difficoltà ciò che dicesti in tribunale: il fatto che,
fuori di Atene, tu non sapresti che cosa fare di te[28]. Anche in c

---

Costoro, spesso, usavano far quattrini con veri e propri ricatti: denunciavano delle persone innocenti con false accuse e, poi, a seconda delle circostanze, si facevano sborsare dagli «accusati» somme di danaro anche notevoli per ritirare la loro accusa. Dalla formazione stessa del vocabolo (esso deriva da: σῦκον = fico e φαίνω = accuso) sembra che, in origine, sicofanti fossero detti coloro che denunciavano i contrabbandieri di fichi, che esportavano, contro le leggi vigenti, i fichi fuori dall'Attica; in un secondo tempo, il termine ha assunto il senso più ampio di cui sopra.

[22] Critone è, dunque, disposto a pagare anche di persona, se necessario, pur di salvare Socrate. Resta così riconfermato quanto si è detto nelle note 17, p. 45 e 19, p. 46.

[23] Le «molte altre cose» alle quali, qui, Socrate accenna, sono tutte le ragioni di ordine etico-filosofico, di cui dirà dopo. Si noti come abilmente Critone, riprendendo il discorso, lasci cadere l'allusione, ben sapendo dove Socrate andava a finire.

[24] Pare che le evasioni dalle carceri fossero cosa piuttosto frequente e che i guardiani fossero facilmente corrompibili.

[25] Simmia era un ricco tebano, discepolo, dapprima, del pitagorico Filolao, poi, fedelissimo discepolo e amico di Socrate. uno dei protagonisti del *Fedone*.

[26] Cebete, amico di Simmia, fu, come questi, prima discepolo di Filolao, poi discepolo e amico di Socrate. Cebete compare insieme a Simmia nel *Fedone*: ambedue sono rappresentati da Platone come dotati di una certa capacità speculativa e filosofica.

[27] Forse tutti quanti gli amici di Socrate, dotati di mezzi di fortuna.

[28] È, questa, una chiara allusione all'*Apologia*, 37 c-d. Socrate si è rifiutato di

molte altre parti, fuori di qui, dovunque tu giungerai, ti vorranno bene; se vuoi andare in Tessaglia, io ho là degli ospiti che ti terranno in grande considerazione e ti offriranno sicurezza, sì che nessuno, in Tessaglia, ti molesterà.

Inoltre, o Socrate, non mi sembra neppure giusto[29] ciò che ti proponi, cioè di tradire te stesso quando hai possibilità di salvarti; e ti adoperi perché ti succeda proprio quello che i tuoi nemici ricercherebbero e che hanno appunto cercato, volendo rovinarti. Di
d più, mi sembra che tu tradisca anche i tuoi figli[30]: te ne andrai via, abbandonandoli, quando hai la possibilità di allevarli e di educarli; e, per quanto dipende da te, essi faranno quello che vorrà il caso: verranno a trovarsi, come è verosimile, in quelle condizioni nelle quali gli orfani solitamente si trovano, quando restano senza padre. Infatti, o non bisogna mettere al mondo figli, o bisogna continuare a sacrificarsi con loro per allevarli e per educarli; ma tu, mi sembra che scelga quel che ti torna più facile. Invece, bisogna scegliere quello che sceglierebbe un uomo virtuoso e coraggioso, soprattutto uno che afferma di essersi dato cura
e della virtù per tutta la vita. Io, poi, mi vergogno e per te e per noi tuoi amici, che non sembri che tutta quanta questa faccenda che ti riguarda sia avvenuta per incapacità nostra[31]: e l'aver portato la

---

fissare per se medesimo qualsiasi pena, perché non colpevole: in particolare ha rifiutato l'esilio. Dice espressamente l'*Apologia*, 37 c-e: «Ma, cittadini ateniesi, dovrei avere un amore veramente grande della vita, per essere a tal punto in sommo grado irragionevole, da non essere capace di fare questo ragionamento, ossia che mentre voi, che siete miei concittadini, non siete stati capaci di sopportare le mie conversazioni e i miei discorsi, e anzi vi sono diventati tanto insopportabili e odiosi che ora cercate di liberarvene, altri lo sopporteranno invece con facilità? Ci vuol altro, o cittadini ateniesi! Bella davvero sarebbe per me la vita; andarmene da Atene a questa età, trasferirmi da una città all'altra e vivere sempre scacciato! Infatti, so bene che da qualunque parte vada, i giovani verranno ad ascoltare i miei discorsi come fanno qui. E se li allontanassi, sarebbero proprio loro che mi vorrebbero cacciare, convincendo i più anziani. E se non li allontanassi, sarebbero i loro genitori e parenti, proprio per causa loro, a farmi cacciare» (traduzione di G. Reale, Rusconi, Milano 1993).

[29] Critone tocca, qui, un tema, che sa avere molta presa su Socrate: quello della *giustizia*. Si noti, però, come abilmente eviti di fare questione di principio, e come, invece, ripieghi l'argomentazione sul piano pratico: quello che Socrate vuol fare è «ingiusto», perché, cosi facendo, egli fa il gioco dei suoi nemici.

[30] E ora Critone cerca di muovere il sentimento paterno in Socrate, facendo appello al senso di responsabilità che il padre deve avere, e descrivendo in quali condizioni, morto il genitore, i figli verranno a trovarsi.

[31] Viene ripreso il tema dell'opinione della gente, dal quale il discorso di Critone aveva preso le mosse.

causa in tribunale, la quale fu portata quando era possibile non portarla[32], e il modo stesso in cui il processo s'è svolto[33], e, infine, quest'ultima faccenda qui, come l'epilogo ridicolo dell'opera, in cui facciamo la figura di esserci sottratti per nostra viltà e dappocaggine: poiché né noi ti salvammo né tu salvasti te stesso, 46 a
mentre era pur cosa fattibile e possibile, solo che ci fossimo dati un poco da fare. Guarda dunque, o Socrate, che tutto questo non sia, per te e per noi, oltre che di danno, di vergogna. Perciò de-

---

[32] Lasciando Atene prima del processo, Socrate avrebbe potuto evitare il processo medesimo.

[33] Socrate avrebbe potuto farsi preparare la difesa da un logografo (da un avvocato, diremmo oggi) di fama ed esperto conoscitore degli stratagemmi con i quali facilmente si convincono i giudici. Oppure, egli stesso, nel fare la propria difesa, avrebbe potuto adeguarsi ai criteri seguiti dai logografi: per esempio, avrebbe potuto cercare di commuovere i giudici; ma Socrate ha respinto sdegnosamente questi ripieghi. Ecco che cosa dice nell'*Apologia*, 34 b-d: «Probabilmente qualcuno di voi potrebbe essere contrariato, ricordandosi, nel caso che si sia trovato a lottare in un processo anche meno grave di questo, di avere fatto ricorso a preghiere e a suppliche ai giudici insieme a molte lacrime, e di aver fatto venire in tribunale i suoi figli per suscitare compassione il più possibile e anche molti dei suoi parenti e dei suoi amici, mentre io, dal canto mio, non farò nessuna di queste cose, anche se, come potrà sembrare, vado incontro all'estremo pericolo. È possibile, dunque, che qualcuno, facendo queste considerazioni, si senta infuriato contro di me, e, irritato per queste ragioni, deponga il suo voto con rabbia».

E, un poco più avanti, sempre nell'*Apologia*, 38 d-39 b, si legge ancora: «Forse pensate, cittadini ateniesi, che mi sia trovato sprovveduto di quegli argomenti con cui vi avrei persuasi, se avessi ritenuto che bisognasse fare e dire qualsiasi cosa, pur di scampare alla condanna a morte. Ma non è proprio così. Mi sono trovato sprovveduto, non però di argomenti, bensì di audacia e di impudenza, e per non volervi dire cose che vi sarebbe stato gradito ascoltare, mentre piangevo e mi lamentavo e facevo e dicevo molte altre cose indegne di me, come vi ho detto, ma che siete soliti ascoltare da altri.

«Ma né allora ho creduto di dover fare alcunché di meschino per difendermi dal pericolo, né ora mi pento di essermi difeso in questo modo; preferisco molto più morire per essermi difeso in questo modo, che non vivere per essermi difeso in quello. Né in tribunale né in guerra, né io né nessun altro deve avvalersi di questi stratagemmi, per sottrarsi alla morte in tutti i modi. Infatti, anche nelle battaglie spesso risulta evidente che uno si salverebbe dal morire, se gettasse le armi e si volgesse a supplicare quelli che lo inseguono. E ci sono anche molti altri stratagemmi, in ciascuno dei vari pericoli, che rendono possibile sfuggire alla morte, se uno osa fare o dire qualsiasi cosa. Ma badate bene, o cittadini, che non sia questa la cosa più difficile, ossia sfuggire alla morte, ma che molto più difficile sia sfuggire alla malvagità. Infatti, la malvagità corre molto più veloce della morte» (traduzione di G. Reale, Rusconi, Milano 1993).

Questo atteggiamento, evidentemente, riuscì assai irritante per i giudici, perché veniva a toccarli sul vivo.

ciditi – o piuttosto non è più ormai tempo di decidere, ma di aver già deciso – e la decisione è una sola: nella notte prossima, tutto questo deve essere effettuato, e, se ancora aspetteremo, la cosa diverrà impossibile e non più realizzabile. In ogni modo, o Socrate, ascoltami, e non fare altrimenti[34].

[34] Critone ha terminato la perorazione della sua causa, condotta con abilità da "logografo": ha toccato una serie di motivi, ma, tutti, limitati al piano della "doxa", dell'opinione. Per questo, al primo colpo del "logos" socratico tutto il suo discorso cadrà, come un castello di carte.

E, poiché abbiamo ascoltato tutto quanto Critone aveva da dire – nella restante parte del dialogo, infatti, egli si limiterà a brevissime risposte – vogliamo dare un giudizio che ne caratterizzi la figura, quale traspare in quest'opera. Non sembra il caso, come già in parte si è notato sopra, di premere la mano sulla mediocrità e cortezza d'ingegno di Critone, come non sembra che ci siano elementi per diminuire eccessivamente, come pur si è cercato, la sua figura morale. Platone non ha, qui, voluto creare, come pur ha fatto in altri dialoghi, una figura antitetica a quella del protagonista, ma ha voluto scegliere un personaggio in grado di "dialogare" con Socrate, almeno fino ad un certo livello. Critone si appella, sì, all'"opinione del volgo", ma *non* fa parte del volgo; egli è fra i "pochi" ai quali sembrano giusti i principi di Socrate, e lo ripeterà a più riprese (cfr. specialmente 49 d), senza riserva. Quello che egli vorrebbe fare intendere a Socrate è questo: sì, il *logos* ed i suoi principi, ma occorre, ad un certo punto, sapere fare i conti con le esigenze della vita pratica, e venire a patti con "l'opinione dei più", la quale ha "potenza" di fare ogni sorta di mali; in particolare, poi, nell'attuale frangente, in cui il comportamento di Socrate, oltre che l'estremo danno a se medesimo, comporta lutto e danno alla famiglia, ai figli, agli amici. Insomma, Critone più che non saper *pensare* e capire i principi socratici fino in fondo, non li sa *vivere* fino in fondo e, di conseguenza, gli sembra che anche Socrate potrebbe fare almeno questa "eccezione".

Dunque, è proprio il personaggio che ci voleva: un uomo onesto, probo, devotissimo amico, dotato di una certa intelligenza e cultura, ma non eccezionale. Critone manca, esattamente, di ciò che il dialogo vuol mettere in luce in Socrate: la coerenza rigorosa ai principi, senza compromessi di nessun genere, coerenza portata fino al sacrificio della vita.

Del resto, la contrapposizione a Socrate di una mente piccina e di un uomo troppo mediocre, in questo dialogo, sarebbe riuscita cosa banale e stucchevole, e Platone se ne è ben guardato. Stanno, invece, di fronte l'uno all'altro: Socrate, un uomo che ha creduto nei principi e che per essi ha "vissuto" fino a pagarne la verità col prezzo della vita; Critone, un uomo che ha creduto negli stessi principi, ma che non ha saputo realizzarli nella vita *fino alle conseguenze estreme* (ma quanti uomini sanno *fino in fondo* essere fedeli ai principi che professano?). Così inteso, Critone diviene non una semplice "controfigura", ma una creatura viva, e tanto più intenso e drammatico risulterà il moto dialettico con cui Socrate lo porterà, oltre che a "pensare", ad "accettare" le conseguenze estreme dei principi professati.

PARTE SECONDA

IL RIFIUTO DI SOCRATE. L'AZIONE DEVE SEMPRE ESSERE COERENTE CON I PRINCIPI PROFESSATI[35]

SOCRATE – O caro Critone, la tua sollecitudine sarebbe degna di molta considerazione, se fosse accompagnata in qualche modo da rettitudine: se no, quanto essa è maggiore, tanto più è penosa. Pertanto, bisogna riflettere se queste cose si debbano fare o no: infatti io, non ora per la prima volta, ma sempre, intendo dare ascolto a null'altro di ciò che è in me, se non alla ragione, a quella che, a me, ragionando, risulti la migliore[36]. b

---

[35] Vedasi l'esposizione di questa parte, sopra, pp. 10-15.

[36] Ed ecco pienamente formulato, fin dalle prime parole della replica, il "criterio" generale che reggerà tutta quanta la restante discussione. Con questo "criterio", si entra in una sfera nettamente antitetica a quella in cui Critone è rimasto chiuso nel suo argomentare. Platone ha manifestamente inteso sottolineare, in tutto ciò che era possibile, l'incommensurabilità della sfera del "logos" socratico rispetto a quella dell'"opinione dei più": anzi, più avanti, lo metterà a tema esplicitamente, nella maniera più forte. Ciò va tenuto ben presente, ai fini della comprensione del dialogo: da questa netta contrapposizione, infatti, Platone *vuol far scaturire*, nelle sue più profonde ragioni, *l'inevitabilità e la "necessità" del destino di Socrate*. Platone, in altri termini, vuol dimostrarci questo: se si vuol capire Socrate e il suo operato e, in generale, l'operato del filosofo che vuol vivere secondo il *logos*, si devono lasciare completamente tutti i "punti di vista" relativi all'"opinione dei più". Visti dal "piano" del *logos*, i punti di vista dell'opinione sono inconsistenti e non reggono in alcun modo; viceversa, visti dal "piano" dell'opinione, le direttive e le azioni ispirate al *logos* appaiono, di necessità, come assurde e ridicole. Così, chi segue il *logos*, ad un certo momento, *è condannato all'isolamento, ad essere assolutamente solo con se medesimo*. E, qui, la solitudine è tanto più umanamente toccante, in quanto Socrate deve combattere contro gli stessi suoi amici amatissimi, che vorrebbero sottrarlo alla fedeltà al *logos*, per averlo, ancora un poco, vivo fra loro.

Ora, i ragionamenti che prima facevo, non posso ripudiarli,
perché mi è toccata questa sorte, ma mi sembrano ad un di
c presso gli stessi, e continuo ad averne rispetto ed a tenerli in
onore proprio come prima; e, se ora non abbiamo da dire nulla
di meglio, sappi bene che io non cederò mai ai tuoi argomenti,
neppure se la potenza della gente ci spaventerà, come bambini,
con mali peggiori di quelli presenti, infliggendoci carcere,
morte e confisca dei beni. Come potremo, dunque, considerare
la cosa nel modo più giusto possibile? Per incominciare, po-
tremo riprendere quel ragionamento che tu fai circa le opinioni:
è giusto o no quello che ogni volta si diceva, e, cioè, che alcune
d opinioni si devono prendere in considerazione, altre, invece,
no? O forse che, prima che io dovessi morire, si diceva giusto
e, invece, ora è diventato palese che lo si diceva solo per dire, e
che, in fondo, i nostri discorsi non erano se non giochi da ra-
gazzi e fandonie? E io desidero esaminare insieme con te, o
Critone, se mai il ragionamento si mostri diverso in qualche co-
sa, da quando mi trovo qui, o se, invece, non appaia lo stesso:
e, allora, lo lasceremo andare, oppure, gli daremo ascolto[37]. È
stato detto, mi sembra, sempre da coloro che ritengono di dire
e cose assennate, come anch'io ora dicevo, che, delle opinioni
che gli uomini esprimono, alcune si devono tenere in grande
considerazione, altre, invece, no? Questo, o Critone, in nome
del cielo, non ti sembra che sia detto bene? – Tu infatti, per
quanto sia dato alle condizioni umane, sei fuori dall'evenienza

---

[37] Sono, qui, intrecciati due aspetti della coerenza del *logos*, che, ai fini di una perfetta comprensione di questa parte del dialogo, vanno ben distinti: l'aspetto che potremmo chiamare "oggettivo" e quello "soggettivo". Spieghiamo. Il *logos* è, in primo luogo, immutabile e incangiabile *in sé*, nel senso che la stabilità e la coerenza appartengono alla sua stessa natura (cfr. Introduzione, p. 17): e questo è l'aspetto *oggettivo*. Ma, oltre a questo aspetto della coerenza che riguarda l'essere stesso del *logos*, c'è l'aspetto della medesima che riguarda l'*uomo* che si sforza di vivere la sua vita secondo il *logos*, che cerca di uniformare le sue azioni ai principi: e questo è l'aspetto soggettivo (oggi si direbbe: esistenziale), l'aspetto che investe la concreta esistenza dell'uomo.

La dimostrazione del primo punto è presupposta, pressoché per intero, dal nostro dialogo, e, invece, è *sul secondo punto che Platone vuol richiamare l'attenzione*. Abbiamo, sopra, parlato di "dramma della coerenza", e, qui, resta pienamente chiarito in che senso: Socrate, per tutta la vita, ha cercato di modellare la sua esistenza secondo i principi del *logos*, e non essendo il *logos* mutato dalle circostanze, anche ora dovrà dar retta al *logos*, anche se il prezzo della "coerenza" è la vita. Nel *pathos* che scaturisce da questo dramma della coerenza consiste la più alta poesia del *Critone*.

di morire domani, e la mia presente sventura non ti dovrebbe 47 a
turbare; rifletti dunque – non ti sembra detto bene che non bisogna tenere in considerazione tutte le opinioni degli uomini, ma alcune sì e altre no, e neppure di tutti gli uomini, ma di alcuni sì e di altri no? Che ne dici? Questo non è forse ben detto?

CRITONE – Bene.

SOCRATE – E non bisogna forse apprezzare le opinioni buone e non le cattive?

CRITONE – Certo.

SOCRATE – E buone non sono quelle degli assennati e cattive quelle dei dissennati?[38]

CRITONE – Come no?

SOCRATE – E dimmi, dunque, come si diceva intorno a quest'altre cose? Un uomo che fa ginnastica, esercitandosi in essa,
presterà forse attenzione alla lode e al biasimo e all'opinione di b
ogni uomo, oppure, unicamente, di colui che sia medico o maestro di ginnastica?

CRITONE – Solo di quello.

SOCRATE – Dunque, bisogna temere i biasimi e gradire le lodi di quello soltanto, e non quelli della folla.

CRITONE – È evidente.

SOCRATE – Pertanto egli dovrà applicarsi e far ginnastica e mangiare e bere, nel modo che riterrà solo colui che sovrintende a queste cose e di esse è esperto, e non nel modo che ritengono tutti gli altri insieme.

CRITONE – È così.

SOCRATE – E sia. E se non dà retta a quell'unico, e se non c
tiene in conto il suo parere e le sue lodi, e tiene in conto, invece, quelle dei più, che non si intendono di nulla, non verrà egli a subire un qualche danno?

CRITONE – E come no?

SOCRATE – E quale è questo danno, e dove tende, e in quale parte di colui che non dà retta?

CRITONE – È chiaro che al corpo: questo, infatti, si viene a guastare.

---

[38] Vi sono, dunque, "opinioni cattive" e "opinioni buone"; le prime sono quelle "dei più" e dei "dissennati", le seconde quelle degli uomini "di senno". La bontà di una opinione dipende dal senno (φρόνησις) e il senno dipende dal *logos*. Dunque, le "opinioni buone" sono quelle che si ispirano al *logos* e sono di natura completamente diversa dalle altre. La differenza fra "opinioni cattive" e "opinioni buone", è la stessa, in ultima analisi, di quella fra "opinioni del volgo" e "ragione o *logos*".

SOCRATE – Dici bene. E allora, o Critone, non è forse così
anche in tutti gli altri casi, senza che li enumeriamo tutti quanti:
quindi, in particolare, quando si tratti delle cose giuste e delle
ingiuste, delle brutte e delle belle, delle buone e delle cattive[39],
intorno alle quali dobbiamo ora decidere, forse dovremo dar
d retta all'opinione della gente e averne timore, o dovremo, inve-
ce, dar retta al parere di quell'unico, se mai ci sia[40], che se ne
intende, del quale solo bisogna avere rispetto e timore, più che
di tutti gli altri insieme? E se non lo seguiremo, guasteremo e
corromperemo quella parte di noi[41] che con la giustizia diventa
migliore e con l'ingiustizia si corrompe. Oppure non c'è questa
parte?

CRITONE – Credo bene che ci sia, o Socrate.

SOCRATE – E dimmi, se quella parte che diventa migliore per
effetto di ciò che è salutare, e che si corrompe per effetto di ciò
che è malsano, noi la rovineremo, volendo dar retta non al pa-
rere di coloro che se ne intendono, ma a quello della folla, po-
e tremo forse continuare a vivere, quando essa si sia guastata? E
questa parte è forse il corpo, oppure no?

CRITONE – Sì.

SOCRATE – E, dunque, si può vivere con un corpo malandato e corrotto?

CRITONE – In nessun modo.

---

[39] Il "giusto", il "buono" e il "bello" sono i grandi temi intorno ai quali verte la ricerca socratica, così come, in gran parte, anche quella platonica; sono i concetti che più è necessario guadagnare, perché su di essi si deve regolare la vita dell'uomo.

Ora, ciò che, qui, come in altri dialoghi, Platone vuole ribadire, è questo: tutti ammettono che, per la medicina e per la ginnastica, vi sono competenti e conoscitori, e che, chi vuol curare la salute e il corpo, deve seguire il parere e le direttive di quelli (e l'esempio potrebbe essere esteso a tutte quante le altre arti: chi vuole avere buona riuscita relativamente a qualsiasi arte – poniamo: del costruire, del suonare il flauto o la cetra, dell'allevare i cavalli ecc. – deve seguire il parere di chi se ne intende). Così, logicamente, deve essere anche a proposito del *giusto*, del *buono* e del *bello* e dei contrari di questi: le azioni che intendono ispirarsi a giustizia, bontà e bellezza, devono essere fatte seguendo il parere di colui che di queste cose si intende.

[40] Questa sottolineatura dubitativa ha un particolare significato, in quanto richiama una nota tesi socratico-platonica. Si ammette pacificamente che, delle singole arti, non tutti siano competenti, ma solo quei pochi che le esercitano per professione; del *giusto*, del *buono*, del *bello* e, in generale della virtù, tutti si ritengono intenditori.

[41] Ossia l'anima. Al rapporto fra giustizia e anima è dedicata gran parte della *Repubblica*.

SOCRATE – Ma, allora, si può vivere quando si sia corrotta quella parte nella quale l'ingiustizia produce rovina e la giustizia produce giovamento?[42] O riteniamo che sia di minor pregio del corpo quella parte di noi, qualunque essa sia, cui la giusti- 48 a
zia e l'ingiustizia si riferiscono?

CRITONE – No affatto.

SOCRATE – Ma di maggior pregio.

CRITONE – Di molto.

SOCRATE – E allora, o carissimo, non dobbiamo darci affatto pensiero di quello che dicono i più, ma solo di quello che dice colui che si intende delle cose giuste e di quelle ingiuste, e questi è uno solo ed è la stessa Verità[43]. Cosicché, principalmente in questo non segui una via giusta, proponendo di curarci del parere della gente per ciò che concerne le cose giuste, belle e buone e quelle a queste contrarie. «Eppure» uno potrebbe dire «la gente è capace di mandarci a morte»[44].

---

[42] L'ingiustizia è, per l'anima, ciò che la malattia è per il corpo; così, la giustizia è, per l'anima, ciò che la salute è per il corpo. Questa è l'analogia che Platone istituisce. Si noti, tuttavia, che essa non può spingersi fino in fondo: la malattia guasta il corpo e lo fa morire; l'ingiustizia, invece, guasta l'anima, *ma non la fa morire*. Le affermazioni del *Critone*, che stanno sulle generali, non precisano questo punto, ma, per evitare fraintendimenti, è bene tener presente questo. Nel libro decimo della *Repubblica*, infatti, proprio su questo rilievo Platone fonderà la dimostrazione dell'immortalità: il male più grande proprio dell'anima è l'ingiustizia e il vizio; ma, per quanto grande sia, esso *non ha potenza di distruggere l'anima stessa*, pur corrompendola e guastandola. Invece, il male più grande che è proprio del corpo, cioè la malattia, distrugge il corpo; e così accade anche per ogni altro ente: la rubigine, che è un male peculiare del grano, distrugge il grano; la ruggine, che è un male peculiare del ferro e del bronzo, distrugge ferro e bronzo, ecc. Dunque, se l'anima non è distrutta dal male che le è peculiare, meno che mai sarà distrutta dai mali peculiari ad altri enti, perciò essa è immortale (cfr. l. X, 608 c - 611 a).

[43] Punto molto difficile da comprendere: «ὁ εἷς καὶ αὐτὴ ἡ ἀλήθεια». Alcuni interpreti intendono che, qui, Platone parli di Dio.

È certo, in ogni caso, che si muove in tale direzione e personifica la verità.

[44] Ecco, qui, messo a tema il contrasto fra la *Verità* e la *forza della folla*, fra il *logos* e la *potenza del volgo*. Verità e giustizia non vincono la forza cieca del volgo: anzi, è fatale che la scatenino, provocandola a causa della radicale opposizione che sussiste fra le une e l'altra. fatale, dice Platone, che al giusto tocchino, per essere tale, persecuzione, violenze, e crocifissione: nel libro II della *Repubblica*, si legge: «... il giusto verrà flagellato, verrà torturato, verrà incatenato, gli verranno bruciati gli occhi; infine, patite tutte le sofferenze, sarà impalato [= crocifisso]...» (361 E - 362 a).

Il «destino» del Giusto, dunque, è di essere «crocifisso»; ma non è, questa,

b CRITONE – Chiaro anche questo; così si potrebbe dire, o Socrate. Dici il vero.

SOCRATE – Ma, o mirabile uomo, il ragionamento che ora abbiamo fatto a me sembra che sia identico a quello di prima; e, allora, prova a considerare di nuovo se anche questo rimane ancora fermo per noi o no: che non il vivere è da tenere in massimo conto, ma il vivere bene.

CRITONE – Resta fermo.

SOCRATE – E che il vivere bene è lo stesso che il vivere con virtù e con giustizia, resta saldo o no?[45]

CRITONE – Resta saldo.

SOCRATE – Dunque, partendo dalle cose sulle quali ci siamo accordati, bisogna che ora consideriamo questo: se sia giusto
c che io cerchi di uscire di qui senza che gli Ateniesi lo autorizzino, oppure se non sia giusto; e, se apparirà giusto, tentiamo, se no, lasciamo andare. Le riflessioni che fai circa la spesa di danari, l'opinione della gente, l'allevamento dei figlioli, sta attento, o Critone, che, in effetti, non siano i modi di vedere di quei tali, i quali con facilità mandano a morte e, poi, risusciterebbero, posto che ne fossero capaci, senza alcun discernimento, cioè i modi di vedere del volgo. Noi invece, poiché così consiglia la ragione, null'altro dovremo considerare se non
d quello che poco fa dicevamo: se, cioè, versando danaro a coloro che mi porteranno fuori di qui e legandoci ad essi di gratitudine, compiremo azioni giuste, e noi facendoci portar fuori ed essi portandoci fuori, o se, in verità, non commetteremo ingiustizia facendo tutte queste cose. E se apparirà chiaro che, così agendo, si commettono azioni ingiuste, allora non si dovrà più far calcoli: né se, stando qui fermi senza fare nulla, bisognerà morire, né se si debba subire qualsiasi altra pena piuttosto che commettere azione ingiusta.

---

una «sconfitta»: infatti non è la *vita*, come tale, il bene supremo, ma la *vita ben vissuta*, la vita *secondo giustizia*, e, in questo senso, il Giusto non è mai sconfitto, anche se ucciso.

[45] Nel *Gorgia* si legge: «... il più grande dei mali è il commettere ingiustizia» (469 b); e ancora: «Infatti, nessuno teme il morire per se stesso, a meno che non sia un uomo del tutto insensato e vile, ma è da temere il commettere ingiustizia. Infatti, l'estremo di tutti i mali è l'andare all'Ade con l'anima carica di molte ingiustizie» (522 e, traduz. di G. Reale, La Scuola, Brescia 1995). Qui il *Critone* dice la stessa cosa, in altra forma: il massimo bene non è il vivere come tale, ma il "ben vivere" e il ben vivere è "vivere secondo giustizia".

CRITONE – Mi sembra tu dica bene, o Socrate; vedi tu che cosa dobbiamo fare.

SOCRATE – Consideriamo insieme, o caro, e se hai qualcosa da obiettare ai miei argomenti, fallo pure, io ti ascolterò; se no, e
mio caro, smetti di farmi continuamente lo stesso discorso, che io devo venir via di qui contro la volontà degli Ateniesi, perché io ci tengo molto a compiere queste azioni, avendoti reso persuaso, e non contro la tua volontà. Considera, ora, se la base 49 a
della nostra ricerca ti sembri abbastanza consistente, e cerca di rispondere a ciò che ti chiedo, come credi più giusto.

CRITONE – Cercherò.

SOCRATE – Diciamo che, in nessun modo, di proposito[46], si deve compiere ingiustizia, oppure in qualche modo sì e in qualche altro no? Ovvero, che mai il commettere ingiustizia è né buono né bello, come convenimmo spesso anche in passato?[47] Oppure tutti quei principi sui quali eravamo d'accordo, si sono in questi pochi giorni vanificati; e già da un gran pezzo, o Critone, e per giunta uomini della nostra età, dopo aver discusso fra di noi b
con tanto impegno, non ci accorgemmo che quei ragionamenti non differivano dai giochi dei bambini? Oppure la cosa resta assolutamente nel modo che allora si diceva, sia che la gente approvi o no, sia che noi dobbiamo soffrire mali più gravi o più leggeri di questi: in ogni modo il compiere ingiustizia è, per colui che la compie, cosa cattiva e turpe? Diciamo così o no?

---

[46] Si noti questa importantissima precisazione circa l'elemento volontario: il male sussiste *solo* quando l'ingiustizia venga compiuta *per deliberato proposito*; quando, invece, venga compiuta involontariamente, essa non può esser considerata colpa.

[47] Questa espressione: «nel tempo passato» (ἐν τῷ ἔμπροσθεν χρόνῳ) può intendersi in due modi completamente diversi; si può riferire alle passate discussioni avvenute fra Socrate e Critone (e gli altri amici), ma si potrebbe vedere anche una allusione a quei dialoghi in cui vien discusso il princípio enunciato; per esempio, si può vedere, qui, una citazione del *Gorgia*, se non anche della *Repubblica*. Accolgono la prima interpretazione, evidentemente, solo coloro che pongono il *Critone* fra i primi scritti platonici; ma se, sotto la figura di Socrate, è Platone che parla, allora può reggere anche la seconda interpretazione.

Intorno ai "discorsi del tempo passato", cui il nostro dialogo più volte fa riferimento, ha scritto il Turolla: «Il *Critone* presuppone tutta una lunga serie di dialoghi; senza possibilità di dubbi quegli ἔμπροσθεν λόγοι non sono e non possono essere altro, al di fuori della finzione, se non altrettante discussioni, non tanto di Socrate vivente, quanto di Socrate, personaggio dei dialoghi; con gli ἔμπροσθεν λόγοι si accenna insomma a discussioni che si trovano effettivamente nei dialoghi» (*op. cit.*, vol. III, p. 185).

CRITONE – Lo diciamo.

SOCRATE – In nessun modo, dunque, si deve fare ingiustizia.

CRITONE – No, assolutamente.

SOCRATE – E, dunque, neppure se si subisce ingiustizia si deve rendere ingiustizia, come, invece, crede la gente, perché per nessuna ragione si deve commettere ingiustizia.

c CRITONE – Risulta che no.

SOCRATE – E allora? Si deve fare del male a qualcuno, o Critone, o no?

CRITONE – Non si deve affatto, o Socrate.

SOCRATE – E ancora, che faccia male a sua volta chi male ha subito, come dice la gente, è giusto o non è giusto?

CRITONE – Assolutamente no.

SOCRATE – Il far male agli uomini, infatti, non differisce per nulla dal fare ingiustizia.

CRITONE – Dici bene.

SOCRATE – Dunque, né bisogna restituire ingiustizia né bi-
sogna far del male a nessuno degli uomini, neppure se, per ope-
d ra loro, si patisca qualsiasi cosa. E bada, o Critone, accettando
questo, che non ti avvenga di acconsentire contro il tuo stesso
parere; infatti, so che pochi soltanto sono e saranno di questo
avviso. Ora, fra quelli che hanno questa convinzione e quelli
che non l'hanno, non è possibile che ci sia alcuna deliberazione
comune, ed è inevitabile che costoro si disprezzino a vicenda,
osservando, gli uni, le decisioni degli altri[48]. Rifletti bene,
dunque, anche tu, se convieni con me e se sei del mio parere, e
iniziamo a decidere da questo punto: che, cioè, in nessun modo
è giusto né fare ingiustizia, né rendere ingiustizia, né, ricevendo
del male, vendicarsi, rendendo male per male; oppure ti di-
e scosti e non sei d'accordo sul principio? Io, infatti, e prima e
anche ora, sono sempre della stessa convinzione, ma se tu non
sei più dello stesso parere, dillo e informami[49]. Se, invece, ri-

---

[48] Cfr., sopra, nota 44, p. 55.

[49] Dopo la lettura di questa pagina, si potrebbe fare una riflessione, ricollegandoci alle discussioni fatte nell'Introduzione. Il grande principio, il quale stabilisce che mai, per nessuna ragione, bisogna fare ingiustizia, non viene – nel contesto del nostro dialogo – dedotto, ma è dato come già dimostrato nei "precedenti discorsi", in quanto viene solo richiamato e brevemente esposto.

Si dirà che questo fatto non è per nulla sorprendente, perché Socrate non deve convincere *ex novo* Critone, ma deve solo richiamare il principio, per stabilire se esso resti valido anche nella presente sventura, e per ottenere an-

mani saldo ai principi prima stabiliti, fa attenzione a quel che segue.

CRITONE – Resto saldo a quei principi e sono del tuo stesso avviso; parla pure.

SOCRATE – Allora ti dico quello che a ciò fa seguito; anzi, ti faccio questa domanda: se uno ha riconosciuto quali cose siano giuste, deve poi farle o invece eluderle?

CRITONE – Le deve fare.

---

che in questo frangente l'assenso che Critone, prima, aveva sempre dato al principio medesimo.

L'obiezione, in verità, non è valida. Infatti il dialogo deve servire anche e specie a quei lettori che con Socrate non ebbero la dimestichezza che ebbe invece Critone; e il principio in questione e le conseguenze che da esso vengono tratte sono di tale e di tanta importanza, che, necessariamente, dovrebbe esserci una adeguata dimostrazione; tanto più che esso risulta totalmente contrario alla opinione comune («so bene che pochi soltanto sono e saranno di questo parere» si dice poco sopra). Ora, se Platone non istituisce una adeguata deduzione del principio, vuol dire che egli la suppone nota non solo a Critone, ma, fuori dalla finzione del dialogo, anche ai lettori del *Critone*, evidentemente, *avendola già presentata in precedenti dialoghi*. Inteso diversamente, il nostro dialogo risulterebbe affatto sproporzionato, in quanto sbrigativo, anzi, *mancante proprio nella parte che maggiormente avrebbe dovuto essere curata e sviluppata*, perché risultassero accettabili tutte le conseguenze che ne vengono tratte.

PARTE TERZA

DIALOGO DELLE LEGGI CON SOCRATE[50]

SOCRATE – In base a queste premesse, considera attentamente. Andandocene via di qui, senza aver persuaso la Città, forse 50 a
che faremo male a qualcuno, e proprio a chi meno si deve, o no? E restiamo saldi a quei principi che abbiamo di comune accordo convenuto essere giusti, oppure no?

CRITONE – Non ho di che rispondere, o Socrate, intorno a quello che domandi, perché non capisco.

SOCRATE – Allora rifletti su questo. Se, mentre noi siamo sul punto di svignarcela[51] di qui, o come altrimenti si debba chiamare questa azione, ci venissero incontro le Leggi e la Città[52], e, fermandosi innanzi, ci domandassero[53]:

---

[50] Vedasi l'esposizione di questa parte a pp. 12-15, e, per interpretazione, pp. 21-24.

[51] Abbiamo così tradotto il termine «ἀποδιδράσκειν», seguendo il Valgimigli. Questa espressione, nota lo stesso studioso (*op. cit.*, p. 37, n. 1), veniva usata per gli schiavi che scappavano dal padrone, e suonava piuttosto volgare: «Socrate, per l'atto volgare, sente di non poter adoperare che una parola volgare...; ma poi, teme che la parola offenda l'amico e l'attenua».

[52] Il testo dice: «τὸ κοινὸν τῆς πόλεως», espressione che è assai difficile da rendere (alcuni traducono: "il comune della città"); è chiaro, in ogni modo, che essa indica lo Stato, la Polis. L'espressione è, inoltre, assai notevole, in quanto – nota il Burnet – essa segna almeno l'inizio dell'idea dello Stato come una *persona giuridica* o *corporazione*; concezione, questa, alla quale, peraltro, gli Ateniesi e i Greci in genere, non sono pervenuti chiaramente (Commentario al *Critone*, p. 200).

[53] Inizia, qui, la celebre "prosopopea" o "personificazione" delle Leggi, immaginate e rappresentate come *solenni figure maschili* (non si scordi che, come abbiamo già ricordato, in greco, il termine «νόμος» è di genere maschile; la traduzione, purtroppo, essendo "Leggi" di genere femminile, porta inevitabilmente a doverle immaginare e raffigurare come figure femminili).

Dal punto di vista della rappresentazione poetica, la "prosopopea" delle

«Dimmi[54], o Socrate, che cosa hai intenzione di fare?
b Che altro pensi, con questa azione che stai per compiere, se non di distruggere noi che siamo le Leggi e tutta quanta la Città, per quanto dipende da te? O ti pare che possa ancora sussistere e che non venga interamente sovvertita quella Città, in cui le sentenze emesse non hanno vigore, ma, ad opera di privati cittadini, vengono destituite del loro potere e distrutte?»[55].

Che diremo, o Critone, a questi e ad altri simili argomenti? Molte cose, infatti, uno potrebbe dire, in particolare se oratore, a favore di questa legge trasgredita, la quale prescrive che le
c sentenze emesse abbiano vigore. Oppure diremo loro: «la Città ha commesso ingiustizia contro di noi e non ha giudicato rettamente la causa»?[56] Questo o che altro diremo?

CRITONE – Questo, per Giove, o Socrate.

SOCRATE – E che diremo, dunque, se le Leggi così continuassero a dire:

Leggi adempie la stessa funzione, come giustamente rileva il Burnet, che, in altri dialoghi, hanno i "miti": essa «permette a Socrate di investire di una certa emozione la dichiarazione dei suoi principi» (*op. cit.*, p. 200).

In effetti, questa immagine dell'improvviso affacciarsi alla porta delle Leggi personificate, quasi a sbarrare la via a Socrate che tenta di "svignarsela" dal carcere, è di una potenza visiva e di un'efficacia drammatica grandissime. Così, quello che, in realtà, non è che un monologo di Socrate, punteggiato da pochissimi interventi fatti di brevi parole di Critone, acquista, in quella finzione poetica, dimensioni "corali": così che par di udire il coro compatto delle voci solenni delle Leggi, al quale risponde la voce di Socrate, mentre qua e là, quasi spaurita, ad essa fa eco quella di Critone.

[54] Per evidenziare in modo marcato l'identità analogica. Vedi la nota che segue.

[55] Sottraendosi alla condanna mediante la fuga, Socrate distruggerebbe le Leggi, per il fatto che, queste, *vivono nella misura in cui vengono rispettate*; una Legge, la cui volontà non viene eseguita, dunque, è resa nulla, cioè distrutta. Ulteriormente, calpestando la Legge, si distrugge anche la Città, perché la Città è *tutt'uno con la Legge* e non sussiste senza la Legge.

[56] È questa una giustificazione che a Critone pare eccellente, come si desume dall'entusiastica risposta; e dovette essere, con molta probabilità, l'opinione degli amici e di coloro che avevano simpatia per Socrate: la sentenza è stata ingiusta, dunque è lecito sfuggire alla condanna con la fuga. Ma conosciamo, ormai, il grande principio socratico: non è lecito rispondere all'ingiustizia con altra ingiustizia, e la fuga è ingiustizia. Il discorso delle leggi dimostrerà proprio quest'ultimo punto, farà vedere, cioè, in tutti gli aspetti, *perché l'evasione dal carcere e la fuga da Atene costituiscono azione ingiusta.*

«Forse si accordò fra noi e te anche questo, o non, invece, di attenersi alle sentenze che la Città pronuncia?»[57].

E se noi ci stupissimo di sentirle dire questo, forse le Leggi così continuerebbero a parlare:

«O Socrate, non stupirti di quello che abbiamo detto, ma rispondi, dal momento che, anche tu, sei solito avvalerti del metodo del domandare e del rispondere[58]. Di', dunque, che cosa hai da rimproverare a noi e alla Città, dato che d
cerchi di distruggerci? E, in primo luogo, non ti abbiamo noi data la vita, e per opera nostra tuo padre non sposò tua madre e ti generò? Parla, dunque; o a quelle Leggi fra noi che regolano i matrimoni rimproveri qualcosa, ritenendo che non vadano bene?».

---

[57] Il giuramento di fedeltà alla Città ed alle Leggi era fatto, in Atene, dai giovani a diciotto anni, nella cerimonia stessa con la quale venivano dichiarati cittadini, nel tempio di Aglauro. Essi giuravano di non disonorare le armi ricevute in consegna (scudo e lancia), di rendere la Città più grande e potente, e di *ubbidire alle leggi e di combattere contro coloro che cercassero di sovvertirle.*

[58] Si fa, qui, allusione al noto "metodo" con il quale Socrate soleva condurre tutte le sue discussioni filosofiche, ossia al metodo "dialogico", che è costituito da un impegnato ed appassionante "cercar insieme" per giungere, insieme, alla conoscenza: non il privato e solitario meditare, ma il fattivo incontro degli spiriti porta alla verità.

I due momenti del metodo dialogico sono, come è risaputo, l'"ironia" e la "maieutica". La prima consiste nel domandare – fingendo di non sapere e di non conoscere la cosa intorno a cui è rivolta la domanda – sì da provocare le risposte dell'interlocutore – che presume di sapere – per poi confutarle ad una ad una (cfr. *Repubblica*, libro I, 337 a - 338 b); lo scopo dell'ironia socratica consiste nella "purificazione" o "liberazione" dell'anima dalle false opinioni che la ingombrano e le impediscono di imparare (cfr. *Menone*, 80 a-d, 84 a-d; cfr. anche *Sofista*, 230 a-e). La maieutica (termine che significa l'arte ostetricia del far partorire) consiste nel far venire alla luce la verità di cui l'anima dell'interlocutore è gravida. Mediante l'arte maieutica, Socrate non comunicava agli altri la sua verità (ché, anzi, egli proclamava di essere affatto ignorante), ma faceva in modo che ciascuno da se medesimo traesse la «propria» verità (cfr. tutto l'episodio dell'interrogazione dello schiavo nel *Menone*, e *Teeteto*, 148 e - 151 d, in particolare, cfr. 149 a).

Nel discorso delle Leggi, però, malgrado la citazione, il metodo è applicato solo in un certo senso: le Leggi, infatti, interrogheranno Socrate al fine di richiamargli una serie di principi e di fatti, e al fine di metterlo di fronte a tutte le sue responsabilità, e, per giunta, da un piano di netta superiorità.

«Non rimprovero nulla», risponderei.

«Ma forse, a quelle che riguardano l'allevamento e l'educazione, nella quale anche tu sei stato educato? O, forse, non prescrissero giustamente quelle di noi predisposte a
e questo scopo, comandando al padre tuo di educarti nella musica e nella ginnastica?»[59].

«Bene», io direi.

«Sia pure. E poiché fosti generato, allevato ed educato, potresti tu senz'altro sostenere di non essere nostra creatura e nostro servo[60], tu e i tuoi progenitori? E se la cosa sta così, credi tu forse che ci sia pari diritto fra te e noi, e, se noi intendiamo fare qualcosa contro di te, credi di aver diritto anche tu di fare le stesse cose contro di noi? O forse che, mentre nei confronti di tuo padre non avevi pari diritti, e così di fronte al padrone, se mai ne avevi, di ricambia-
51 a re cioè quello che da essi subivi, e neppure quando eri ingiuriato di rispondere con ingiurie e quando eri percosso di percuotere a tua volta, né di fare molte altre cose siffatte:

---

[59] Questo è un punto che va ben compreso ai fini di una retta interpretazione di ciò che segue.

Perché sussiste l'istituzione del matrimonio? Perché ci sono Leggi che lo fanno essere tale: senza queste Leggi, di conseguenza, non vi sarebbero matrimoni. La stessa cosa deve ripetersi per l'istituto della legittimazione dei figli, per l'allevamento e per l'educazione dei medesimi: queste istituzioni sono regolate e determinate da precise Leggi, dunque sussistono in virtù di queste Leggi. Ora, se Socrate ha avuto una famiglia, in quel determinato modo in cui l'ha avuta, egli lo deve alle Leggi; anche il particolare modo con cui Socrate è stato allevato ed educato, ed il merito relativo, è dovuto alle Leggi, che impongono ai padri ateniesi di allevare e di educare i figli in maniera ben precisa.

Insomma: senza le Leggi di Atene, Socrate non avrebbe avuto *quella* famiglia, *quel* tipo di allevamento, *quella* educazione; plasmato – per così dire – secondo le Leggi, in ciò in cui è stato plasmato secondo le Leggi, egli dipende totalmente dalle Leggi medesime, è "creatura" ed è "servo" delle Leggi.

[60] Cfr. nota precedente. Il Croiset nota come il concetto del cittadino come *schiavo delle Leggi* non si trovi né nella *Repubblica*, né nella *Politica* di Aristotele. In effetti, sarebbe affermazione incomprensibile, se si dovesse collocare il *Critone* fra i primi dialoghi. Turolla ha dimostrato come il tema dello «schiavo delle Leggi» (δοῦλος τῶν νόμων), sconosciuto al primo Platone, *torni invece frequentemente negli ultimi scritti* (*Politico*, *Leggi* ed *Epistole*) (cfr. *op. cit.*, pp. 188 e 192, e, sopra, l'Introduzione, pp. 23 e 30).

questo ti dovrà essere, dunque, concesso nei confronti della Patria e delle Leggi, cosicché, se noi intendiamo mandarti a morte, giudicando questo giusto, anche tu cercherai di far morire noi, le Leggi, e la Patria, per quanto è in tuo potere, e sosterrai, facendo queste cose, di compiere azioni giuste, tu che veramente avevi tanto a cuore la virtù? O sei tanto sapiente da aver scordato[61] che più della madre e del padre e di tutti gli altri progenitori[62] è degna di onore la Patria, e che è più venerabile e più santa, e che b
è tenuta in più alto grado di stima e presso gli Dei e presso gli uomini assennati; e che bisogna venerarla, e che più che al padre bisogna ubbidirle e blandirla quando è adirata, e che o bisogna persuaderla o eseguire quello che essa comanda, e soffrire se essa comanda di soffrire, stando in silenzio, sia che si venga percossi, sia che si venga incatenati, sia che essa mandi in guerra per essere feriti ed uccisi, bisogna fare questo, perché in ciò consiste la giustizia[63] , e non si deve disertare né ritirarsi né abbandonare il proprio posto, ma, e in guerra e in tribunale e in ogni altro luogo, c
bisogna fare quello che la Patria e la Città comandano, oppure persuaderle[64] in che consiste la giustizia, mentre, far

---

[61] Si noti l'efficacia di questo modo ironico, immaginato in bocca alle Leggi, e rivolto proprio contro colui che dell'ironia aveva fatto la sua arma abituale.

[62] La Patria e le Leggi sono poste su un piano di superiorità rispetto alla madre, al padre e a tutti i progenitori insieme, perché senza Patria e senza Leggi e padre e madre e progenitori non sarebbero potuti essere quali furono. In altri termini: genitori e progenitori sono stati, a loro volta, creature e servi delle Leggi e debitori in tutto alle Leggi. Dunque, in questo senso, in quanto madre e sovrana degli stessi genitori e progenitori, la Patria, insieme alle sue Leggi, è da considerarsi più venerabile e più santa.

[63] Queste affermazioni così nette e sicure circa il giusto, non solo non hanno riscontro nei primi dialoghi platonici, ma, inoltre, sembrano presupporre, ai fini della piena intelligibilità loro, il guadagno speculativo della *Repubblica*, dove la giustizia che è "dimensione" fondamentale dell'anima è presentata come strutturalmente connessa alla giustizia che è "dimensione" essenziale della Polis e dello Stato.

[64] È questo il principio che, facendo quasi da contrappeso, contempera il concetto del "servo della Legge", in quanto ne segna esattamente i limiti. L'ubbidienza alla Patria e alle Leggi non deve affatto essere *cieca* ed *incondizionata*: Platone è lontano dal fanatismo della "statolatria" e della "nomolatria", anzi, in un certo senso si può dire che è nemico dichiarato di siffatto atteggiamento. Lo Stato e le Leggi *possono sbagliare* e, quando sbagliano, bisogna *cercare di persuaderli*, riportandoli sulla via della giustizia, ma senza sottrarsi all'ubbidienza ai medesimi.

uso di violenza non è cosa santa, né nei confronti della madre, né nei confronti del padre, né, tanto meno, nei confronti della Patria?».

Che cosa obietteremo a queste cose, o Critone? Che le Leggi dicono la verità, o no?

CRITONE – A me sembra.

E le Leggi potrebbero forse continuare:

«Rifletti, pertanto, o Socrate, se quello che noi veniamo dicendo è vero: che non è giusto cercare di fare contro di noi quello che ora appunto cerchi. Noi, infatti, che ti abbiamo generato, allevato, educato, e che abbiamo fatto
d partecipi di tutti quei beni che erano in nostra facoltà te e tutti quanti gli altri cittadini, prescriviamo, ciononostante, – col dar facoltà a chi degli Ateniesi lo desideri, una volta che abbia subito l'esame per entrare in possesso della cittadinanza[65], e una volta che sia a conoscenza delle istitu-

---

Importante è notare questo riconoscimento della possibilità che Stato e Leggi *errino* e che *mutino* (in bene o in peggio). Ora, pur stante tale riconoscimento – ed è questo il punto essenziale per l'adeguata comprensione dell'atteggiamento di Socrate e di Platone – vien dichiarato *migliore* l'atteggiamento di chi ubbidisce alla Patria che sbaglia e alla Legge ingiusta, *una volta che non sia stato possibile "persuaderle"*, rispetto a quello di colui che tenta di sovvertire la Città e le Leggi. *Il primo, infatti, è un atteggiamento sempre accompagnato da giustizia; il secondo, al contrario, non può mai intrinsecamente disgiungersi da ingiustizia.*

È da notare, ancora, come questo principio, che bisogna "persuadere" le Leggi quando siano ingiuste, sia in evidente "sproporzione" se riferito *solo* al caso di Socrate. Nel processo, infatti, non si trattava di "persuadere le Leggi", ma i giudici; non fu una legge ingiusta a condannare Socrate, ma, semmai, un ingiusto uso delle Leggi, di per sé giuste (e così si dirà esplicitamente a 54 c). Questa è, pertanto, una eloquente prova che Platone intende presentare il principio come avente una portata che va molto oltre il caso specifico. È questa – vuole dire, qui, il Filosofo – l'unica via "giusta" da battere non solo nelle vicende particolari dei singoli individui, ma anche, nell'attività politica: chi vuol far opera di trasformazione e di miglioramento delle Leggi o della Costituzione della Città, ciò deve fare *nel* rispetto della Legge e non contro la Legge.

[65] I giovani Ateniesi entravano in possesso dei diritti di cittadinanza solo a diciotto anni. Prima di venire iscritto nell'elenco dei cittadini, il giovane doveva subire un esame (δοκιμασία) di fronte all'assemblea del demo o quartiere in cui era nato, nel quale esame egli doveva dimostrare di avere quei requisiti prescritti dalla legge. Fra i requisiti in parola, v'era, appunto, la conoscenza delle Leggi e dell'ordinamento della Città. Da notare, infine, che il

zioni della Città e di noi Leggi – che colui, al quale, eventualmente, noi non siamo gradite, possa benissimo uscire dalla città, prendendo tutti i suoi beni, e andarsene dove voglia. E nessuna di noi Leggi fa impedimento né vieta, sia che qualcuno di voi voglia andare in colonia, se noi e la Città non gli torniamo gradite, sia che voglia andare a vivere altrove come meteco, di andare dove desidera, tenendosi i suoi averi. Ma, chi di voi resta qui, pur vedendo il e
modo con cui noi regoliamo la giustizia e come governiamo in tutto il resto la Città, allora noi affermiamo che colui, di fatto, ha dato il suo consenso a fare quanto noi ordiniamo; e colui che non ubbidisce, noi affermiamo che commette ingiustizia in triplice maniera: e perché non ubbidisce a noi che lo abbiamo generato, e perché non ubbidisce a noi che lo abbiamo allevato, e perché, dopo aver acconsentito ad ubbidirci, né ci ubbidisce, né cerca di persuaderci se mai facciamo non bene in qualche cosa; mentre, dal canto nostro, noi proponiamo e non 52 a
comandiamo duramente[66] di eseguire ciò che ordiniamo; anzi, mentre permettiamo una delle due cose: o di persuaderci o di ubbidire, egli non fa né l'una né l'altra di queste».

«Da queste accuse o Socrate, noi affermiamo che anche tu sarai colpito, se farai quello che ti proponi; tu, non meno gravemente degli altri Ateniesi, anzi, tu in particolare più degli altri».

---

possesso di tutti i diritti politici, il cittadino ateniese lo otteneva solo a trent'anni. Colui che, avendo conosciuto le Leggi della Città, non le trovasse adeguate ai suoi intendimenti, era libero di andare nelle colonie, senza rompere con la madrepatria, anzi mantenendo molti diritti e vantaggi e, perfino, era libero di andare in altre città, dove, però, veniva accolto a vivere, ma senza i diritti politici (meteco).

[66] È chiaro che, stante il regolamento di cui sopra, chi restava in Atene, *per il fatto stesso di restarci*, si impegnava all'ubbidienza alle Leggi, ubbidienza che, del resto, egli aveva giurato nella cerimonia con la quale conseguiva la cittadinanza.

Le argomentazioni addotte nei capitoli precedenti sottolineano quei rapporti dell'individuo con la Legge che *non* dipendono dalla volontà e dall'impegno del singolo; ora, invece, vengono messi in evidenza quegli aspetti che dipendono interamente dalla *volontà* e dalla *libertà* individuale, e che, quindi, rendono il cittadino interamente responsabile.

E se io allora domandassi: «E perché?», forse giustamente potrebbero darmi contro, dicendo che io in modo particolare fra gli Ateniesi ho dato loro il mio consenso per quanto riguarda questo fatto. E mi potrebbero infatti dire così:

b «O Socrate, noi abbiamo grandi prove del fatto che a te piacevamo noi e la Città; infatti tu non vi avresti abitato con particolare predilezione rispetto a tutti gli altri Ateniesi, se non ti fosse piaciuta in modo straordinario: tanto che non sei mai andato fuori dalla Città per qualche festa, tranne una volta in cui ti sei recato all'Istmo[67], né mai sei andato in alcun altro luogo, se non per combattere[68], né mai hai fatto altro viaggio, come fanno gli altri uomini, né ti colse mai desiderio di conoscere altra città ed altre Leg-
c gi, ma ti bastavamo noi e la Città nostra. Tanto intensamente ci amavi ed eri consenziente di compiere i tuoi doveri di cittadino in base ai nostri dettami, che nella Città, oltre al resto, hai dato la vita ai figli, sicché veramente essa ti piaceva[69]. Inoltre, nello stesso processo, ti era possibile condannarti alla pena dell'esilio, se volevi, e ciò che ora cerchi di fare contro il volere della Città, avendo il suo consenso, potevi farlo. Ma tu, allora, menavi vanto, come

---

[67] Questa affermazione, secondo alcuni studiosi, sarebbe da considerare come interpolata, in quanto manca in alcuni codici, e in quanto non trova riconferma negli altri dialoghi. La notizia del viaggio di Socrate all'Istmo è riferita anche da Diogene Laerzio (che la desume da Favorino). Diogene, inoltre, riferisce di un altro viaggio di Socrate a Delfi.

Se la prima notizia è dubbia, la seconda sembra essere – secondo i biografi di Socrate – priva di qualsiasi fondamento.

[68] Socrate combatté a Potidea (429), a Delio (424) e ad Amfipoli (422) (cfr. *Apologia*, 28 e - 29 a), comportandosi da valoroso e da eroe (cfr. *Convito*, 220 c - 221 c).

[69] È questa una ulteriore ragione – su cui insiste tutto questo capitolo – di obbligo di Socrate verso Atene: non solo egli è impegnato ad ubbidire alle Leggi, restando nella Città, ma *ha dimostrato di prediligere e di amare la Città stessa, più di ogni altro cittadino*. Si noti l'ordine perfetto della disposizione delle argomentazioni: prima, son state presentate le ragioni generali di fondo – le ragioni "metafisiche" – per cui ogni uomo deve ritenersi soggetto alle Leggi; successivamente, son state messe innanzi le ragioni "giuridiche" dell'impegno, o del vincolo, che il cittadino contrae definitivamente con le Leggi, decidendo di restare nella Città; qui, infine, sono illustrate le ragioni che si riferiscono in particolare a Socrate, il quale, col suo attaccamento ad Atene del tutto eccezionale, ha contratto con la Patria un legame nella stessa misura eccezionale.

se non te ne importasse di dover morire, ma preferivi, come dicevi, anziché l'esilio la morte[70]. E ora, né provi vergogna per quei discorsi, né di noi Leggi ti dai pensiero, cercando di distruggerci; e agisci come si comporterebbe il d
più spregevole degli schiavi, cercando di svignartela, contro i patti e gli accordi, in base ai quali tu avevi accettato di compiere i tuoi doveri di cittadino. Rispondi dunque, in primo luogo, su questo punto: diciamo il vero, affermando che tu hai dato il tuo assenso a compiere i tuoi doveri di cittadino secondo i nostri dettami, con fatti e non con parole; oppure non è vero?».

Che cosa risponderemo a queste cose, o Critone; che altro potremo fare se non acconsentire?

CRITONE – Per forza, o Socrate.

SOCRATE – Esse potrebbero continuare:

«E che altro fai, allora, se non trasgredire quei patti e quegli accordi verso di noi, che tu avevi accettato non per- e
ché costretto né ingannato, e neppure perché necessitato a decidere in poco tempo, ma in un periodo di ben settant'anni, durante i quali ti era permesso di andartene, se noi non ti eravamo gradite e se gli accordi non ti sembravano essere giusti. Ma tu non hai preferito né Sparta né Creta, che, pure, in ogni occasione, dici essere governate da buo- 53 a
ne Leggi[71], né alcun'altra città degli Elleni né dei barbari, ché, anzi, da Atene tu sei uscito meno degli zoppi e dei

---

[70] Cfr. il passo dell'*Apologia* (che riferisce questo punto) sopra, nota 28, p. 47.

[71] Come è noto, le Leggi di Sparta erano fatte risalire a Licurgo, quelle di Creta a Minosse; le une e le altre erano di tipo *oligarchico*. In Grecia erano assai note e ammirate; Socrate e, più ancora, Platone, che videro i pericoli della democrazia ateniese, le ammirarono e lodarono. Nelle *Leggi*, ultima opera di Platone, le costituzioni di Atene, Creta e Sparta vengono messe a confronto, e il dialogo stesso è immaginato e ambientato in Creta, fra un ospite *ateniese*, un *cretese* e uno *spartano*.

È difficile dire fino a che punto Platone, in questo punto del *Critone*, parli di Socrate, e fino a che punto alluda a se stesso. Il senso può essere, come comunemente si intende: «se Socrate, malgrado la sua ammirazione per le costituzioni spartana e cretese, è restato in Atene, vuol dire che, in ultima analisi, egli preferiva le leggi ateniesi, perciò è suo dovere, anche ora, restar loro fedele». Ma può anche leggersi come una professione di fedeltà alla Città, che Platone fa per bocca del Maestro, e, a questo proposito, il riscontro con le Leggi torna particolarmente significativo.

ciechi e degli altri mutilati; così tanto, più che a tutti gli altri Ateniesi, ti piaceva la Città, e, evidentemente, anche noi, le Leggi: a chi, infatti, piace una città senza Leggi? Ed ora non vuoi stare agli accordi? Eppure dovresti ascoltarci, o Socrate: e non ti renderai ridicolo[72], fuggendo dalla Città. Considera, infatti, non osservando questi accordi e rendendoti colpevole in qualcuna di queste cose, quale bene
b farai a te ed ai tuoi intimi[73]. Che corrano pericolo, anche i tuoi amici, di andare in esilio, di essere privati della cittadinanza e di perdere le loro sostanze: questo è ben chiaro. E, in primo luogo, se andrai in qualcuna delle città più vicine, o a Tebe o a Megara[74] – ambedue, infatti, sono governate da buone Leggi – giungerai nemico, o Socrate, della loro costituzione, e quanti si danno cura della loro Città ti guarderanno con sospetto, ritenendoti un sovvertitore delle Leggi, e confermerai ai giudici l'opi-
c nione loro, sì che crederanno di aver giudicato la causa rettamente: chi è corruttore di Leggi, infatti, a maggior ragione potrà parere corruttore di giovani e di uomini di poco senno[75]. E allora, fuggirai forse le città ben governate e gli uomini più costumati? E facendo questo, terrà conto

---

[72] Ridicolo, infatti, si rende uno che, dopo tutte le testimonianze di attaccamento alla Città, sotto certi aspetti quasi eccessive, o quantomeno eccezionali, sconfessi tutto il suo passato con una fuga ignominiosa.

[73] L'esame delle ragioni per cui la fuga sarebbe ingiustizia, male e colpa è terminato; ora Socrate indugia ancora ad esaminare quali sarebbero le "conseguenze" pratiche della fuga e mostra a Critone come, in effetti, essa non sortirebbe se non ad effetti negativi quando non anche ridicoli e, insieme, incresciosi.

Non si tratta di un "nuovo argomento" per respingere la proposta dell'evasione e della fuga – l'argomento valido, infatti, è unico: la fuga è azione "ingiusta", e questo è stato pienamente svolto – ma solo di considerazioni aggiuntive, fatte per cercar di convincere pienamente Critone, proprio circa il punto intorno al quale egli si è mostrato particolarmente sensibile nelle sue argomentazioni.

[74] La stessa affermazione è in *Fedone*, 99 a.

[75] Chi calpesta le Leggi nella propria Città, non può non esser guardato con sospetto in altre città, perché si temerà che egli possa tornare a compiere le stesse azioni, sovvertendo anche le Leggi vigenti nelle città in cui si rifugia. Ulteriormente: chi osa calpestare le Leggi, a maggior ragione, sarà reputato capace di corrompere i giovani e gli inesperti. Quindi, Socrate non fa il gioco dei propri nemici restando in carcere (come sosteneva Critone), ma, al contrario, proprio fuggendo metterebbe i suoi giudici e i suoi nemici dalla parte della ragione, avvalorando, per le ragioni viste, le loro tesi e le loro accuse.

per te vivere? Oppure ti avvicinerai a questi uomini e non
arrossirai di ragionare... di quali dottrine, o Socrate? Forse
di quelle che qui sostenevi: che la virtù e la giustizia per
gli uomini devono essere degne della più alta considera-
zione e, così, anche le azioni conformi alle Leggi e le
Leggi? E non credi che apparirà incoerente il contegno di
Socrate?[76] Eppure bisogna crederlo. E, allora, ti allontane- d
rai da questi luoghi, e andrai in Tessaglia presso gli ospiti
di Critone? Colà, infatti, c'è moltissimo disordine e disso-
lutezza[77]; e là potrebbero forse udire con piacere il modo
comico in cui sei evaso dal carcere, camuffato con una
pelle o con altre cose simili, delle quali son soliti rivestirsi
quelli che fuggono, e avendo trasformato la tua figura. E
che tu così vecchio, e, come è verosimile, con ancora così e
poco tempo da vivere, abbia ardito bramare tanto avida-
mente di vivere, calpestando le Leggi più grandi, nessuno
lo dirà? Può essere, nel caso che tu non dia molestia, o So-
crate; altrimenti ne udrai tante e indegne di te. Vivrai, do-
vendo corteggiare e servire tutti quanti... e facendo cosa?
Gozzovigliando, come si fa in Tessaglia, quasi che tu te ne
fossi andato dalla tua patria in Tessaglia per darti ai ban-
chetti. E quelle tue teorie circa la giustizia e le altre virtù, 54 a
dove saranno andate a finire? Ma tu vuoi vivere per i tuoi
figli, per allevarli e per educarli? E che? Li alleverai e li
educherai portandoli in Tessaglia, rendendoli stranieri,
perché ricavino anche questo bel vantaggio? Oppure que-
sto no, ed essendo qui allevati, per il fatto che tu vivi,
saranno meglio allevati ed educati, anche se non stai qui
con loro? I tuoi amici avranno cura di loro. O forse che, se
tu te ne parti per la Tessaglia, se ne prenderanno cura, e se,

---

[76] Si noti con quanta efficacia sia, qui, riproposto il tema della "coerenza". Si ricordi che queste parole sono immaginate dette dalle Leggi a Socrate che sta per fuggire, nell'atto di calpestare le Leggi stesse, la giustizia e la virtù... dopo che per tutta la vita ha esaltato il rispetto alla Legge, alla giustizia e alla virtù; e una volta salvata la vita, a questo prezzo, Socrate dovrà rinnegare vergognosamente tutte le sue passate convinzioni, oppure continuare a sostenerle, proprio mentre, con la sua fuga e con il suo vivere di compromesso, le smentisce di fatto.

[77] I Tessali ebbero fama di essere dissoluti e corrotti (cfr. Ateneo, IV, 6, p. 137; X, 4, p. 418; XII, 6, p. 527); si diceva che essi passassero il giorno fra danze e canti, giocando a dadi, bevendo e banchettando con cibi assortiti e molto abbondanti (cfr. anche Senofonte, *Memorabili*, I, 2, 24).

invece, tu te ne andrai all'Ade, non se ne prenderanno più
cura? Ma se sono buoni a qualcosa quelli che si dicono
tuoi amici, bisogna pur crederlo.
b «Ma, o Socrate, dà ascolto a noi che ti abbiamo allevato e
non tenere i figli, né il vivere, né altra cosa, in più alta
considerazione che non la giustizia[78], affinché, arrivato al-
l'Ade, tu possa avere tutte queste cose da dire in tua difesa
a coloro che laggiù governano. Infatti, appare chiaro come
il far questo, qui sulla terra, non sia né meglio, né più giu-
sto, né più santo per te, e neppure per alcuno dei tuoi; né
una volta arrivato all'Ade, per te sarà meglio[79]. Invece,
ora, tu morirai, se deciderai in questo senso, vittima di un
c trattamento ingiusto, non già da parte di noi Leggi, ma da
parte degli uomini[80]; se, invece, tu te ne andrai di qui, in
modo così vergognoso, rispondendo all'ingiustizia con in-
giustizia, e ricambiando male con male, trasgredendo gli
accordi ed i patti che avevi contratto con noi, e facendo
male a chi meno dovresti: a te stesso, ai tuoi amici, alla
Patria e a noi, ebbene, noi saremo ostili verso di te finché
sarai vivo, e, laggiù, le nostre sorelle, le Leggi dell'Ade, ti
accoglieranno non benevolmente, sapendo che, per quanto
d era in tuo potere, tu hai tentato di distruggere noi. Che
Critone[81] non ti persuada a fare ciò che dice, più di
noi!»[82].

---

[78] Nel senso che, calpestata e disprezzata la giustizia, che è la dimensione fondamentale della vita, nulla più ha valore.

[79] Evidente allusione alla ricompensa che, nell'al di là, è riserbata alle anime, in relazione a quanto esse hanno fatto in questa vita (la migliore illustrazione della concezione platonica dell'oltretomba è contenuta nel libro decimo della *Repubblica*).

[80] Non è la Legge, infatti, che ingiustamente fa morire Socrate, ma la Legge applicata male e ingiustamente dagli uomini. Tuttavia, una volta emessa, la sentenza, ancorché ingiusta, ha vigore di Legge, e chi la calpesta, calpesta la Legge in quanto tale (cfr. anche la nota 65, pp. 66-67).

[81] Efficacissima questa citazione di Critone e dei suoi argomenti – ispirata alla più potente ironia socratica – per bocca delle Leggi, che produce l'effetto di vedere, di colpo, quegli, rimpicciolirsi sgomento, questi, invece, completamente annientati. Dopo di che, Critone non avrà più "niente da dire" e si rassegnerà all'ineluttabile destino di Socrate.

[82] Termina, qui, la scena della prosopopea delle Leggi; il breve epilogo che segue, lo dobbiamo immaginare nella cella ridiventata silenziosa (dopo che si sono spente le voci delle Leggi) e ormai illuminata, perché, nel frattempo, s'è fatto giorno.

EPILOGO

Queste cose, o caro amico Critone, sappi bene che mi pare di udire, come i coribanti[83] credono di udire i suoni dei flauti: così, anche in me[84] riecheggia il suono di questi discorsi, e fa sì che io non possa ascoltarne altri. Perciò, sappi che, per quanto ora almeno mi sembra, se dirai qualcosa contro di essi, lo dirai inutilmente. Tuttavia, se ritieni di riuscire ancora a qualcosa, di' pure.

CRITONE – Ma, o Socrate, non so più che dire.

SOCRATE – E allora lascia andare, o Critone, e facciamo in e
questo modo, perché in questo modo Dio ci indica la via[85] .

---

[83] I Coribanti erano sacerdoti della dea frigia Cibele. Nei riti che essi celebravano in onore alla dea, in particolare nei riti dell'iniziazione, essi danzavano freneticamente ai suoni di flauti e di timpani, spinti fino al parossismo del volume e del ritmo. Cessata la spasmodica vertigine delle danze e dei suoni, riecheggiavano nelle orecchie degli iniziati, totalmente storditi, i suoni dei flauti, così che essi credevano di udirli dentro di sé, e di essere pervasi dalla dea.

Così, pare a Socrate di udire, dentro di sé, le parole pronunciate dalle Leggi, come il risuonare di una eco divina.

[84] Con queste parole, tutta l'ampia scena corale del dialogo delle Leggi viene come interiorizzata (ἐν ἐμοί), e, insieme, vista scaturire dallo spirito di Socrate: è come se il filosofo abbia parlato dando voce ad una misteriosa ispirazione divina.

[85] E come si è iniziato, nell'atmosfera religiosa del sogno premonitore, che viene a Socrate nell'oscura cella, e toglie a Critone la parola, così, anche, il dialogo termina: Iddio ha annunciato a Socrate il tempo dell'arrivo alla Patria eterna, Iddio mostra, ora, anche la via da seguire.

SOMMARIO DEL «CRITONE»

Critone giunge nel carcere, dove è custodito Socrate, prima dell'alba, per dirgli che la nave sacra sta per tornare da Delo. Si tratta di quella nave, che, coronata il giorno della condanna di Socrate, aveva provocato, in base al costume vigente in Atene, la sospensione temporanea dell'esecuzione della condanna di Socrate (cfr. la nota 7 a p. 42). La nave è stata avvistata al capo Sunio, e, dunque, il suo arrivo ad Atene è imminente: giungerà in giornata, o, al massimo, il giorno successivo.

Socrate, per nulla turbato dalla notizia, risponde a Critone narrandogli un sogno premonitore, avuto poco prima di svegliarsi. Una bellissima figura di donna vestita di bianco gli si era avvicinata dicendo: «O Socrate, nel terzo giorno da questo, alla fertile Ftia tu giungerai». Il sogno, spiega Socrate, voleva dire che la morte lo avrebbe colto entro tre giorni. E, poiché era uso, in Atene, non eseguire le condanne il giorno stesso dell'arrivo della nave, ma quello successivo, Socrate arguisce, dalla predizione del sogno, che la nave avrebbe dovuto arrivare l'indomani.

Critone non è, però, venuto solamente per dare a Socrate l'annuncio, ma per tentare, per l'ultima volta, di convincerlo a fuggire dal carcere. A questo scopo, egli espone tutta una serie di argomenti, nella speranza di vincere le resistenze dell'amico. Se Socrate morrà, Critone, oltre che la sventura di restar privo del migliore amico, dovrà sopportare il giudizio malevolo della gente, che lo accuserà di non aver aiutato Socrate a salvarsi, pur essendo in condizioni economiche di poterlo fare: giacché nessuno vorrà credere che fu, invece, proprio Socrate a non voler salvarsi con la fuga e a respingere le reiterate sollecitazioni degli amici. L'argomento non impressiona minimamente Socrate: egli risponde, infatti, che la gente dice quello che càpita e agisce a caso e che, quindi, è incapace sia di nuocere sia di giovare.

Critone, passando allora ad altri argomenti, spiega che, se Socrate nutre timori circa le conseguenze penali cui gli amici potrebbero andare incontro quali corresponsabili della fuga, deve metterli senz'altro da parte: tutto è stato previsto e calcolato. Il danaro che i guardiani esigono per lasciar fuggire Socrate non è molto; e non è molto nemmeno il danaro con cui si possono tacitare i sicofanti, cioè i denunciatori di professione (cfr. nota 21, p. 46), e, in ogni caso, se non basterà il denaro di Critone, ci sarà, a disposizione, altresì quello di Simmia, di Cebete e di molti altri. Ed è stato predisposto anche il luogo della fuga: Socrate potrà andare in Tessaglia, dove ci sarà chi lo ospiterà e gli offrirà sicurezza.

Inoltre – prosegue Critone – nel caso di Socrate il non fuggire significa tradire se stesso e voler a tutti i costi rovinarsi. E significa, anche, tradire i figli, abbandonandoli al caso. Insomma – conclude Critone – tutta questa faccenda di Socrate, dal processo alla difesa, si è svolta alla rovescia: si poteva non portare la causa in tribunale e, invece, fu portata; si poteva organizzare la difesa e non fu organizzata; ora, poi, come ridicolo epilogo della vicenda, Socrate rischia di morire, quando la fuga è organizzata in tutti i particolari. Non c'è, dunque, più tempo da perdere: qualsiasi indugio potrebbe essere fatale.

Socrate risponde che sempre, in ogni circostanza, egli si è comportato secondo ragione, e che anche ora, nella circostanza della morte imminente, non vuole, non può e non deve comportarsi in altro modo. E che cosa diceva, prima, la ragione? E che cosa dice ora? Prima, la ragione diceva che solo *alcune opinioni* vanno prese in considerazione, altre, invece, no. E lo stesso la ragione dice anche ora, e la circostanza della morte non modifica la cosa. E quali sono le opinioni che vanno prese in considerazione? Sono le opinioni *buone*; e le opinioni buone sono le opinioni degli *assennati*. Invece, non vanno tenute in alcun conto le opinioni *cattive*, che sono quelle dei *dissennati*.

Per esempio, chi fa ginnastica dovrà tenere in conto solo le opinioni buone, cioè quelle del medico e del maestro di ginnastica, e non tenere in alcun conto le opinioni degli incompetenti, cioè dei più della folla. E, se terrà in conto le opinioni dei primi, recherà vantaggio al suo corpo, mentre, se terrà in conto le opinioni dei secondi, recherà non altro che danno al suo corpo. E lo stesso dicasi per tutto il resto, e, in particolare, per ciò che riguarda il *giusto* e l'*ingiusto* e i *valori morali: si dovrà dar retta solo e sempre a colui che conosce* – posto che ci sia – *questi valori, e non alla folla degli ignari*. E, se non daremo retta a colui che ha conoscenza di quelle cose e presteremo attenzione alla folla, noi guasteremo e corromperemo non il corpo, ma quella parte di noi che è resa migliore nella giustizia ed è guastata dall'ingiustizia, ossia lo spirito o l'anima.

E come non è possibile – prosegue Socrate – vivere con un corpo guasto, così, e a maggior ragione, non sarà possibile vivere con l'anima guasta, che è ben più importante del corpo! E, allora, è chiaro che Critone è in errore, giacché ha mostrato di dare un peso assolutamente indebito all'opinione della folla ignara. Invece, quella che conta e vale è solo l'*opinione di colui che conosce il giusto e l'ingiusto*. Né gioverebbe obiettare che la folla, se non viene ascoltata, può mandarci a morte. Infatti, non è il *vivere* come tale che conta, ma solo il *vivere bene*, cioè il *vivere secondo virtù e giustizia*.

Stabiliti i principi generali di cui si è detto, Socrate si chiede se la sua fuga risulti o no contro quei principi. Se risulterà conforme a quei principi, egli seguirà i consigli di Critone; se no, per nessuna ragione egli abbandonerà il carcere. In altri termini: se, alla luce di quei principi, la fuga risulterà *giusta*, Socrate l'accetterà; se *ingiusta*, la respingerà senza esitazioni.

In primo luogo, nota Socrate, si fu sempre d'accordo sul principio etico di base che *mai e per nessuna ragione è lecito commettere ingiustizia; neppure nel caso in cui si subisca ingiustizia*. In altri termini: il male non si deve mai fare; neppure quando si è vittima del male è lecito rispondere male a male. Pertanto, per essere coerenti con questo principio, chi riceve ingiustizia dagli uomini non dovrà rispondere restituendo ingiustizia, perché, appunto, non è lecito non solo fare, ma nemmeno rendere ingiustizia. E, se è vero questo, ecco le conseguenze che si dovranno trarre per il caso di Socrate.

Fuggendo dal carcere si farà male e si commetterà ingiustizia contro la Città e contro le Leggi. Infatti – e da questo punto in poi Socrate svolgerà la sua dimostrazione, supponendo di far parlare le Leggi medesime personificate, che gli sbarrano la via della fuga – si distruggeranno il vigore della sentenza emessa nella Città e le leggi della Città. E questo significa distruggere le Leggi e la

Città, perché non può certo esistere una Città in cui le Leggi vengano calpestate in tale modo. Qualcuno potrebbe obiettare: ma la sentenza di Socrate era *ingiusta*. Ebbene, forse che, per questo, diventa lecita la fuga?

Certamente no: infatti, il cittadino si è impegnato ad accettare le sentenze emesse. E, d'altronde, per ben cogliere l'assurdità dell'obiezione, basta vedere quali siano e di quale forza i rapporti delle Leggi con l'individuo, e quanto questo debba a quelle. Il cittadino deve alle Leggi pressoché tutto: le Leggi regolano, infatti, la vita del cittadino in tutto il suo arco, dalla nascita alla morte. Il cittadino è, dunque, "creatura" e "servo" delle Leggi. Così essendo, il cittadino non può avere, nei confronti delle Leggi, gli stessi diritti che quelle hanno su di lui. E come, se si è percossi dal padre o dalla madre, non si può rispondere percuotendo a nostra volta, così, se si è condannati a morte dalle Leggi e dalla patria non si può rispondere cercando di calpestare la sentenza; così facendo, si commetterebbe ingiustizia. Dunque, nei confronti delle Leggi e della Città non c'è che la via della *ubbidienza*, oppure – e questo è molto importante – *la via della persuasione*. Se la Patria e le Leggi sbagliano, si può cercare di *persuaderle* dell'errore; ma se non si riesce, non è lecito usare violenza perché questa è sempre ingiusta e, vedemmo, non è mai lecito fare ingiustizia, nemmeno quando si è vittima di essa.

Tanto più che le Leggi, al momento in cui il cittadino subisce la *docimasia* (cioè la prova che lo porta, entrando nella maggiore età, al pieno possesso dei diritti e dei doveri: cfr. nota 65, p. 66), permettono a colui, al quale eventualmente non siano gradite, di andarsene in colonia o in altra città, portando con sé i suoi beni. Ma chi resta, si vincola all'ubbidienza delle Leggi, e, se poi non ubbidisce, commette ingiustizia per le seguenti ragioni: rompe il rapporto gerarchico di subordinazione, vien meno a un patto di ubbidienza, usa violenza invece di usare persuasione.

Le Leggi, infatti, non comandano in maniera cieca ed assoluta, ma ammettono di *essere persuase*. Al cittadino tocca, quindi, o *ubbidire* o *persuadere* le Leggi; ma chi calpesta le Leggi non fa né una cosa né l'altra e si macchia di ingiustizia.

E se Socrate fuggisse, commetterebbe una ingiustizia anche più grave degli altri. Egli, infatti, mostrò sempre di gradire, con parole e atti, in massimo grado, e la Città e le Leggi. In particolare, non uscì mai da Atene, ritenendo che essa fosse la migliore delle Città; al processo rifiutò la pena dell'esilio, dichiarando di non poter vivere altrove. E, in generale, Socrate accettò di compiere i suoi doveri di cittadino e sottoscrisse i patti con le Leggi, non già perché costretto o ingannato, né in alcun modo spinto da mancanza di tempo: infatti per ben settant'anni egli professò fedeltà alle Leggi e mostrò di ritenerle buone Leggi. Rompendo, ora, gli accordi, non farebbe, dunque, altro che coprirsi di ridicolo.

Ma anche i vantaggi pratici della fuga sarebbero quanto mai dubbi. Gli amici di Socrate rischierebbero una condanna di correità nella fuga.

Socrate, poi, non potrebbe certo fuggire in Città governate da buone Leggi, perché, qui, sarebbe sicuramente malvisto, appunto in quanto sovvertitore di Leggi. E non farebbe che confermare ai giudici la convinzione di aver ben giudicato la causa: chi è capace di calpestare e di rompere le Leggi è certamente capace, anche, di corrompere i giovani. Dunque, a Socrate non resterebbe che andarsene lontano dalle città e dagli uomini costumati e rinnegare tutta la sua vita e le sue dottrine. E non gli resterebbe altra possibilità che frequentare città e uomini corrotti, facendo e dicendo il rovescio di quello che fece e disse finora. E a chi gioverà questa vita? A nessuno! Non a Socrate, ovviamente; ma nemmeno ai figli i quali, dall'essere il padre vivo, ma lontano, non avranno alcun vantaggio. Gli amici dovrebbero, comunque, curarsi dei suoi figli; e, se sono veri amici, ciò faranno anche se Socrate muore.

Dunque, il calpestare le Leggi risulta essere solo di danno, e qui sulla terra e, anche, quando Socrate giungerà all'Ade. Infatti, le Leggi di quassù sono sorelle delle Leggi di laggiù. E come, se si calpestano le Leggi di quassù, diventano ostili sia le Leggi di quassù sia le Leggi di laggiù, così, comportandosi come si deve nei confronti delle Leggi di quassù, si conquisterà anche la benevolenza delle Leggi di laggiù.

Queste sono le convinzioni fondate su ragione, che Socrate dice di udire in sé quasi come eco di parola divina, quindi di ritenere inconfutabili. Critone non ha più nulla da obiettare. La decisione di morire in carcere diventa, dunque, definitiva.

INDICE

INTRODUZIONE

ANALISI E INTERPRETAZIONE DEL «CRITONE»

CRITONE O DEL DOVERE